clara

Kurze lateinische Texte
Herausgegeben von Hubert Müller

Heft 31

Cicero, Reden gegen Verres

Bearbeitet von Hubert Müller

Mit 7 Abbildungen

Vandenhoeck & Ruprecht

Inhalt

1 Siziliens Bedeutung für Rom (*in Verrem* 2,2,1-5) 4
2 Ciceros Quästur in der Provinz Sizilien (*in Verrem* 2,5,35 und 2,3,182) 6
3 Cicero entdeckt das Grab des Archimedes (*Tusculanae disputationes* 5,64-66) 8
4 Vom Verteidiger zum Ankläger (*in Caecilium* 1,1-3) 10
5 Cicero beginnt die erste Anklagerede (*in Verrem* 1,1-3) 12
6 ... und beendet seine Rede (*in Verrem* 1,54-56) 14
7 Wovon wir lieber schweigen wollen (*in Verrem* 2,1,32-34) 16
8 Verres in Achaia (*in Verrem* 2,1,44-45) 18
9 Verres auf Delos (*in Verrem* 2,1,46-47) 20
10 Verres in der Provinz Asia (*in Verrem* 2,1,66-69) 22
11 Verres in Milet (*in Verrem* 2,1,86-87) 24
12 Mafiamethoden (*in Verrem* 2,3,57-58) 26
13 Kunstraub (*in Verrem* 2,4,1-2) 28
14 Die Diana-Statue von Segesta (1) (*in Verrem* 2,4,72-73) 30
15 Die Diana-Statue von Segesta (2) (*in Verrem* 2,4,74-76) 32
16 Der Ceres-Tempel in Henna (*in Verrem* 2,4,108-109) 34
17 Das anstrengende Leben eines Provinzverwalters (*in Verrem* 2,5,26-27) 36
18 Geht man so mit römischen Bürgern um? (*in Verrem* 2,5,160-162) 38
19 Manchmal muss man sich Feinde machen (*in Verrem* 2,5,180-183) 40
   Eigennamenverzeichnis 41
   Lernvokabeln 43

ISBN 978-3-525-71730-1

© 2010 Vandenhoeck & Ruprecht GmbH & Co. KG, Göttingen / www.v-r.de
Alle Rechte vorbehalten. Das Werk und seine Teile sind urheberrechtlich geschützt.
Jede Verwertung in anderen als den gesetzlich zugelassenen Fällen bedarf der vorherigen schriftlichen Einwilligung des Verlages. Hinweis zu § 52a UrhG: Weder das Werk noch seine Teile dürfen ohne vorherige schriftliche Einwilligung des Verlages öffentlich zugänglich gemacht werden.
Dies gilt auch bei einer entsprechenden Nutzung für Lehr- und Unterrichtszwecke. Printed in Germany.

Gestaltung: Markus Eidt, Göttingen
Gesamtherstellung: ⊕ Hubert & Co, Göttingen

Gedruckt auf chlorfrei gebleichtem Papier.

Abbildungsnachweis: H. Müller, Sasbach: 19, 21, 25, 27, 29, 31, 25

Liebe Schülerin, lieber Schüler!

Die Reden Ciceros gegen Verres gehören zur Standardlektüre im Lateinunterricht – und das mit gutem Grund: Die Geschichte, wie Cicero dazu kam, die Anklage zu übernehmen, ist interessant und spannend, und das, was er über die Herrschaft des Verres in Sizilien erzählt, vermittelt einen guten Eindruck über die Art und Weise, wie viele Statthalter in den Provinzen agierten. Sizilien war die erste römische Provinz und ist bis heute Schmelztiegel verschiedener Kulturen geblieben. Wie die Römer versuchten, ihr Verwaltungssystem zu installieren, wie sie mit der Bevölkerung zusammenarbeiteten, aber auch wie Statthalter ihre Provinz ausbeuteten – dies zeigen die Texte exemplarisch.

Die Texte sind Originaltexte, die stellenweise etwas gekürzt sind. Damit sie auch von Schülerinnen und Schülern bewältigt werden können, die gerade die Arbeit mit dem Lehrbuch abgeschlossen haben, unterstützen wir die Übersetzungsarbeit folgendermaßen:
– Längere Sätze sind nach Sinneinheiten gesetzt.
– In der rechten Spalte sind alle Vokabeln angegeben, die nicht im Lehrbuch *Intra* vorkommen. Wörter aus dem Grund- und Aufbauwortschatz (Klett) sind dabei rot hervorgehoben. Sie sind als Lernvokabeln gedacht und werden nur bei ihrem ersten Vorkommen aufgeführt. Am Ende des Heftes sind sie noch einmal alphabetisch aufgelistet.
– Eigennamen sind auf den Seiten 41f. ebenfalls alphabetisch aufgeführt.
– Die Fragen, Aufgaben und Zusatztexte helfen, die Texte zu erschließen und zu interpretieren.

Wenn dir durch die Lektüre und die Arbeit mit den Texten der Redner Cicero und die Welt der römischen Provinzen etwas vertrauter geworden sind, so hat das Heft sein Ziel erreicht.

1 Siziliens Bedeutung für Rom

Recepi causam Siciliae:
Ea me ad hoc negotium provincia attraxit.
Atque antequam de incommodis Siciliae dico,
pauca mihi videntur esse
5 de provinciae dignitate, vetustate, utilitate dicenda.
Nam cum omnium sociorum provinciarumque
rationem diligenter habere debetis,
tum praecipue Siciliae, iudices,
plurimis iustissimisque de causis:
10 primum quod omnium nationum exterarum
princeps Sicilia se
ad amicitiam fidemque populi Romani adplicavit.

Prima omnium, id quod ornamentum imperi est,
'provincia' appellata est;
15 prima docuit maiores nostros,
quam praeclarum esset exteris gentibus imperare;
sola fuit ea fide benevolentiaque
erga populum Romanum,
ut civitates eius insulae,
20 quae semel in amicitiam nostram venissent,
numquam postea deficerent,
pleraeque autem et maxime inlustres
in amicitia perpetuo manerent.

Itaque maioribus nostris in Africam
25 ex hac provincia gradus imperi factus est;
neque enim tam facile
opes Carthaginis tantae concidissent,
nisi illud et rei frumentariae subsidium
et receptaculum classibus nostris pateret.

30 Quare P. Africanus Carthagine deleta
Siculorum urbis
signis monumentisque pulcherrimis exornavit.

---

attrahere, trāxī, tractum: anziehen, gewinnen
antequam: bevor
incommodum: Nachteil, Not
vetustās, ātis *f.*: Alter
socius: 1. Gefährte, Kamerad 2. Verbündeter
ratiōnem habēre + *Gen.*: Rücksicht nehmen auf, achten auf
plūrimus: der meiste, sehr viel
prīmum *Adv.*: zuerst
exterus: auswärtig
sē adplicāre ad: sich anvertrauen

imperī = imperiī

benevolentia: Wohlwollen, Zuneigung
ergā + *Akk.*: gegen, gegenüber

dēficere, iō, fēcī, fectum: abfallen, untreu werden
plērīque, plēraeque, plēraque: die meisten
inlūstris, e: berühmt, angesehen
perpetuus, *Adv.*: perpetuō: fortwährend, ununterbrochen

gradus, ūs *m.*: Schritt
opēs, um *f.*: Vermögen, Macht
concidere, cidī: zusammenfallen, zusammenbrechen
rēs frūmentāria: Getreideversorgung
subsidium: Hilfe, Rückhalt
receptāculum: Stützpunkt
classis, is *f.*: Flotte
quārē: 1. weshalb? 2. deshalb
urbīs = urbēs

sīgnum: 1. Zeichen 2. Bild, Figur
exōrnāre: ausstatten

Quando illa frumentum, quod deberet,
non ad diem dedit?
35 Quando id, quod opus esse putaret,
non ultro pollicita est?
Quando id, quod imperaretur, recusavit?
Itaque ille M. Cato Sapiens cellam penariam
rei publicae nostrae,
40 nutricem plebis Romanae Siciliam nominabat.

illa: *erg.* prōvincia

ultrō *Adv.*: unaufgefordert
recūsāre: ablehnen, zurückweisen
cella penāria: Vorratskammer

nūtrīx, īcis *f.*: Ernährerin

1 Informiere dich über die Geschichte Siziliens, bevor es römische Provinz wurde, und beurteile auf diesem Hintergrund die Bedeutung der Insel für Rom. Gehe bei deinen Recherchen vom Informationstext aus und beziehe weitere Informationsquellen (Handbücher, Internet) mit ein.

2 (a) Lies den Text und stelle lateinische Formulierungen zusammen, mit denen Cicero Sizilien charakterisiert. – (b) Welche dieser Begriffe bezeichnen die Beziehung Siziliens zu Rom?

3 Weshalb ist Sizilien nach Ciceros Darstellung von solch großer Bedeutung für Rom?

4 Mit welchen stilistischen Mitteln unterstreicht Cicero seine Einschätzung? Welche Wirkung erzielt er damit?

Sizilien – eine ganz besondere Provinz

Sizilien war über die Jahrtausende hinweg aufgrund seiner Lage Schmelztiegel der Kulturen. Die Liste der Einwanderer und Eroberer ist groß: Sikaner, Elymer, Sikuler, Griechen, Karthager, Römer, Vandalen, Sarazenen, Normannen, Spanier u.a. Nur fünf Prozent der Fläche Siziliens ist heute bewaldet, viele Quellen und Flüsse sind versiegt,
5 eine Folge des Abholzens. Das antike Sizilien sah völlig anders aus: Dichte Eichen-, Kastanien-, Pinien- und Tannenwälder bedeckten die Insel; sie war außerordentlich fruchtbar und somit ein wichtiger Getreidelieferant für Rom. Die Griechen, die im 8. Jhd. v.Chr. in Sizilien Kolonien gründeten, prägten das Gesicht der Insel: Syrakus, Naxos und Megara gehören zu den ältesten griechischen Siedlungen. Immer wieder
10 kam es zu kriegerischen Auseinandersetzungen zwischen den griechischen Städten und den Karthagern, die den Westteil der Insel besetzt hielten. Als die Römer, die schon lange ein Auge auf das fruchtbare Sizilien geworfen hatten, von Messana um Hilfe gegen die Karthager gebeten wurden, kam es zur militärischen Auseinandersetzung zwischen Rom und Karthago, die als »Erster punischer Krieg« (264-241 v.Chr.)
15 in die Geschichte einging. Die Römer vertrieben die Karthager von der Insel und machten Sizilien 241 v.Chr. zur ersten Provinz.

2 Ciceros Quästur in der Provinz Sizilien

Nachdem sich Cicero im Sommer 76 v.Chr. mit Erfolg um die Quästur beworben hatte, trat er im Dezember des Jahres sein Amt in Lilybaeum an, dem heutigen Marsala, das im Westen Siziliens liegt. Die Erwartungen waren hoch:

Ita quaestor sum factus,
ut mihi illum honorem tum non solum datum,
sed etiam creditum et commissum putarem;
sic obtinui quaesturam in Sicilia provincia,
5 ut omnium oculos
in me unum coniectos esse arbitrarer,
ut me quaesturamque meam
quasi in aliquo terrarum orbis theatro
versari existimarem.

quaestor, ōris *m.*: Quästor; *Beamter in der Finanz- bzw. Provinzverwaltung*

obtinēre: innehaben
quaestūra: Quästur, Amt eines Quästors

theātrum: Theater

Cicero stellt sein Verhalten und das seiner Mitarbeiter der Amtsführung des Hortensius gegenüber:

Quid ego vetera repetam
aut quid eorum scribarum mentionem faciam,
quos constat sanctissimos homines
atque innocentissimos fuisse?

repetere, petīvī, petītum: wiederholen
scrība, ae *m.*: Schreiber, Sekretär, *mit Verwaltungsaufgaben betraut*
mentiō, ōnis *f.*: Erinnerung, Erwähnung
sānctus: 1. heilig 2. gewissenhaft
innocēns, entis: unschuldig, uneigennützig, unbescholten

5 Nuper, Hortensi, quaestor fuisti.
Quid tui scribae fecerint, tu potes dicere:
Ego de meis hoc dico:
Cum in eadem ista Sicilia pro frumento
pecuniam civitatibus solverem
10 et mecum duos frugalissimos homines
scribas haberem, L. Mamilium et L. Sergium,
non modo istas duas quinquagesimas, sed omnino
nummum nullum cuiquam esse deductum.

solvere, solvī, solūtus: lösen, bezahlen
frūgālis, e: tüchtig, rechtschaffen

modo *Adv.*: nur
quīnquāgēsima: der Fünfzigste (als Abgabe)

1 (a) Wie beurteilte Cicero die Bedeutung der Quästur für seine weitere Laufbahn? (beziehe den Zusatztext 1 mit ein) – (b) Wodurch wurde Cicero in Puteoli klar, wie die Leute die Bedeutung der Quästur in Sizilien einschätzten (Zusatztext 2)?

2 (a) Worauf legte Cicero bei seiner Amtsführung großen Wert? – (b) Wie übten offenbar die *scribae* üblicherweise ihr Amt aus?

Text (1)

Sizilien war als Kornkammer Roms für die Versorgung der Stadt von großer Bedeutung. Die einzelnen Gemeinden der Insel lieferten den zehnten Teil ihrer Ernten an Rom ab. Manchmal, wenn dies für die Versorgung nicht ausreichte, musste der Provinzverwalter weiteres Getreide beschaffen. So hatte auch Cicero in Lilybaeum die Aufgabe, auf Rechnung des Staates Getreide zu kaufen. Er tat dies so, dass er allen Beteiligten gerecht werden konnte. Für Cicero bedeutete die Provinzverwaltung den Beginn seiner steilen Karriere, von der er später einmal sagte: »Als mich das römische Volk einstimmig unter den ersten zum Quästor, vor anderen zum Ädil, und als ersten zum Prätor machte, da hat es meiner Person, nicht der Herkunft, meinem Wesen, nicht den Vorfahren, meiner bewährten Tüchtigkeit, nicht dem bekannten Adel dieses Amt übertragen« *(in Pisonem 1)*.

Text (2)

Cicero spricht später über seine Einschätzung, für wie wichtig die Leute seine Provinzverwaltung tatsächlich hielten *(pro Plancio 64–66)*:
Beim Herkules, das muss ich schon sagen: Ich dachte tatsächlich damals, dass die Leute in Rom von nichts anderem sprächen als von meiner Quästur in Sizilien. Hatte ich doch, als das Getreide sehr teuer war, eine große Menge davon geschickt. Den Großhändlern gegenüber hatte ich mich als freundlich, den Kaufleuten als gerecht, den Pächtern als großzügig, den Bundesgenossen als uneigennützig, allen als sehr genau bei jeder Pflichterfüllung gezeigt. Einige besondere Ehrungen hatten sich die Sikuler für mich ausgedacht. Daher ging ich in dieser Erwartung aus der Provinz, dass ich dachte, das römische Volk werde mir unaufgefordert alles antragen. Aber als ich zufällig in diesen Tagen, weil ich eine Reise machen musste, aus der Provinz wegging und gerade nach Puteoli gekommen war, und als dort vornehme Leute wie gewöhnlich in großer Zahl waren, da bin ich fast in mich zusammengesunken, ihr Richter, als mich einer fragte, an welchem Tag ich aus Rom weggegangen sei und ob es etwas Neues gebe. Als ich ihm antworte, dass ich aus der Provinz komme, sagte er: »Ach stimmt ja beim Herkules, ich glaube aus Afrika?«. Ich ärgerte mich über ihn und antwortete entrüstet: »Nein, aus Sizilien«. Da sagte ein anderer und tat so, als ob er alles wüsste: »Was, du weißt nicht, dass dieser Mann Quästor in Syrakus war?« – Was soll ich mehr sagen?

3 Cicero entdeckt das Grab des Archimedes

Ex eadem urbe humilem homunculum
a pulvere et radio excitabo, Archimedem.

5 Cuius ego quaestor
ignoratum ab Syracusanis,
cum esse omnino negarent,
saeptum undique et vestitum vepribus et dumetis
indagavi sepulcrum.

Tenebam enim quosdam senariolos,
quos in eius monumento esse inscriptos acceperam,
10 qui declarabant
in summo sepulcro sphaeram esse positam
cum cylindro.

Ego autem cum omnia conlustrarem oculis –
est enim ad portas Agragantinas
15 magna frequentia sepulcrorum –,
animum adverti columellam
non multum e dumis eminentem,
in qua inerat sphaerae figura et cylindri.
Atque ego statim Syracusanis
20 – erant autem principes mecum –
dixi me illud ipsum arbitrari esse,
quod quaererem.
Inmissi cum falcibus multi
purgarunt et aperuerunt locum.

ex eādem urbe: *gemeint ist Syrakus*
humilis, e: niedrig, bescheiden
homunculus: Menschlein
pulvis, eris *m.*: Staub, Sand
radius: Griffel
excitāre: aufrufen, herbeirufen

cuius: *ist abhängig von sepulcrum und bezieht sich inhaltlich auf Archimedes*
īgnōrātum, saeptum, vestītum: *beziehen sich auf sepulcrum*
omnīnō *Adv.*: ganz und gar, überhaupt
saepīre, saepsī, saeptum: umgeben
vestīre: *hier:* bedecken
veprēs, is *m.*: Dornstrauch
dūmētum: Dickicht
indāgāre: aufspüren
sepulcrum: Grab

tenēbam: *erg.:* in Erinnerung
sēnāriolus: kleiner, unbedeutender Vers
dēclārāre: deutlich machen, kundtun
sphaera: Kugel
cylindrus: Zylinder

conlūstrāre: betrachten
frequentia: Vielzahl, Menge
animum advertere, vertī, versum + Akk.: seine Aufmerksamkeit richten auf
columella: kleine Säule
dūmus: Gestrüpp
ēminēre: 1. herausragen 2. hervortreten
inesse, īnsum, īnfuī: in, an, auf etw. sein, sich befinden
figūra: Figur, Gebilde
inmittere, mīsī, missum: hinschicken
falx, falcis *f.*: Sichel, Sense
pūrgāre: reinigen, säubern
pūrgārunt = pūrgāvērunt

25 Quo cum patefactus esset aditus,
ad adversam basim accessimus.

quō: 1. wohin? 2. dorthin
patefacere, iō, fēcī, factum: öffnen
aditus, ūs *m.*: Zugang
ad adversam basim: zur Vorderseite des Sockels
accēdere, cessī, cessum: hingehen, herantreten an

Apparebat epigramma
exesis posterioribus partibus versiculorum
dimidiatum fere.
30 Ita nobilissima Graeciae civitas,
quondam vero etiam doctissima,
sui civis unius acutissimi monumentum ignorasset,
nisi ab homine Arpinate didicisset.

epigramma, atis *n.*: Inschrift
exedere, ēdī, ēsum: zerfressen, verwittern
posterior, ius: der hintere, folgende
versiculus: Verschen
dīmidiātus: halb, zur Hälfte lesbar
quondam *Adv.*: einst
vērō *Adv.*: 1. aber 2. in der Tat
doctus: gelehrt
acūtus: scharf(sinnig), klug
īgnōrāsset = īgnōrāvisset

1 Welche Eigenschaften des Archimedes hebt Cicero hervor? Zitiere lateinisch.

2 (a) Weshalb interessiert sich Cicero für das Grab des Archimedes? – (b) Wie beschreibt er die Entdeckung des Grabes und welche Wirkung wird hierdurch erzielt? – (c) Interpretiere den Schlusssatz.

3 Beschreibe das Verhältnis, das Cicero zur griechischen Kultur hatte. Gehe dabei von diesem Text aus und ziehe den Informationstext hinzu.

Cicero und die griechische Philosophie

Von 79-77 v.Chr. hielt sich Cicero zu rhetorischen Studien im Osten auf: Ein halbes Jahr verbrachte er in Athen, wo er in der Akademie, die einst Platon gründete, studierte; daraufhin reiste er nach Kleinasien, um bei großen Rednern zu lernen, um schließlich längere Zeit auf Rhodos zu verweilen, wo er vor allem von Apollonios von Molon
5 profitierte. Seine Ausbildung und sein philosophisches Denken sind sehr stark von griechischen Lehrern und Schriftstellern geprägt. Alle philosophischen Gedanken, die er in seinen Werken äußert, stammen von griechischen Philosophen. Er selbst war ein Anhänger der akademischen Skepsis: In de inventione (2,9-10) schrieb er bereits 84 v.Chr., dass er gerne seine Meinung ändere, wenn er eines Besseren belehrt würde;
10 denn man dürfe nicht an einmal getroffenen Einsichten zu lange festhalten, sondern müsse jeden einzelnen Punkt zweifelnd prüfen. Diese Grundhaltung behielt er sein Leben lang. Ciceros Verdienst ist es, dass die Philosophie in Rom heimisch wurde, er betrachtete sie nicht als Disziplin, die nur für wenige Eingeweihte zugänglich sein sollte, sondern verschaffte ihr einen Platz in der Mitte des römischen Lebens.

4 Vom Verteidiger zum Ankläger

In den Jahren 73-70 v.Chr. übte C. Verres das Amt des Proprätors in Sizilien aus. Dass seine Amtszeit auf insgesamt drei Jahre verlängert wurde, lag wohl an den politischen Wirren, die nach dem Spartacus-Aufstand entstanden waren. Verres missbrauchte seine Amtsgewalt.
Für die betroffenen Gemeinden war es dennoch nicht einfach, selbst gegen so offensichtliche Verstöße juristisch vorzugehen. Sie fanden in Cicero den Fürsprecher, der eine Klage beim zuständigen Prätor eingeben sollte.
Doch Verres hatte bereits seine Leute alarmiert: Q. Caecilius Niger, ein Strohmann der Verres-Clique, forderte für sich die Übernahme der Anklage. Deshalb kam es zu einem Vorverfahren, in dem zu klären war, wer einen besseren Anspruch für die Rolle des Anklägers nachweisen konnte. Mit folgenden Worten eröffnete Cicero seine Rede, mit der er am Ende erfolgreich war.

Si quis vestrum, iudices,
   aut eorum,
      qui adsunt,
  forte miratur me,
5   qui tot annos in causis iudiciisque publicis
     ita sim versatus,
        ut defenderim multos,
        laeserim neminem,
  subito nunc mutata voluntate
10   ad accusandum descendere,
is,
   si mei consili causam rationemque cognoverit,
una et id,
     quod facio,
15 probabit, et in hac causa profecto
neminem praeponendum mihi esse actorem putabit.

Cum quaestor in Sicilia fuissem, iudices,
itaque ex ea provincia decessissem,
    ut Siculis omnibus
20   iucundam diuturnamque memoriam
     quaesturae nominisque mei relinquerem,
factum est,
   uti cum summum in veteribus patronis multis,
   tum non nullum etiam in me praesidium
25 suis fortunis constitutum esse arbitrarentur.

cōnsilī = cōnsiliī
ūnā Adv.: zusammen, zugleich
praepōnere, posuī, positum: voransetzen, vorziehen
āctor, ōris m.: Ankläger

utī = ut
patrōnus: Schutzherr, Anwalt

Quare nunc populati atque vexati cuncti
ad me publice saepe venerunt,
ut suarum fortunarum omnium
causam defensionemque susciperem.

30 Me saepe esse pollicitum,
saepe ostendisse dicebant,
si quod tempus accidisset,
quo tempore aliquid a me requirerent,
commodis eorum me non defuturum.

35 Venisse tempus aiebant,
non iam ut commoda sua, sed ut
vitam salutemque totius provinciae defenderem;
sese iam ne deos quidem in suis urbibus,
ad quos confugerent, habere,
40 quod eorum simulacra sanctissima C. Verres
ex delubris religiosissimis sustulisset;
quas res luxuries in flagitiis,
crudelitas in suppliciis,
avaritia in rapinis,
45 superbia in contumeliis efficere potuisset,
eas omnis sese hoc uno praetore
per triennium pertulisse;
rogare et orare,
ne illos supplices aspernarer.

populāre: ausrauben
pūblicē *Adv.*: in öffentlichem Auftrag
dēfēnsiō, ōnis *f.*: Verteidigung
suscipere, iō, cēpī, ceptum: unternehmen, übernehmen

commodum: Vorteil, Nutzen
dēesse: fehlen

āiō, āit, āiunt: sagen

sēsē: *verstärktes* sē
nē … quidem: nicht einmal, auch nicht

dēlūbrum: Tempel
religiōsus: heilig, ehrwürdig
luxuriēs, ēī *f.*: Genusssucht, Übermaß
crūdēlitās, ātis *f.*: Grausamkeit
rapīna: Raubzug

omnīs = omnēs
triennium: Zeitraum von drei Jahren
perferre, ferō, tulī, lātum: ertragen
supplex, icis: demütig bittend, flehend
aspernārī: verschmähen, abweisen

1 (a) Welche Gründe sprachen nach Ciceros Darstellung dafür, dass er die Anklage übernahm, welche dagegen? Zitiere auch lateinisch. – (b) Cicero stellt seine eigenen Leistungen gerne und manchmal recht unbescheiden heraus: Zitiere aus dem Text Stellen, in denen dies deiner Meinung nach zum Ausdruck kommt.

2 Welche Stilmittel weist der letzte Satz (ab *quas res,* Z. 42 ff.) auf? Welche Wirkung wird mit ihnen erzielt?

3 Zitiere die Vergehen, die Cicero Verres bereits in dieser Einleitung vorwirft. Ordne den lateinischen Formulierungen deutsche Oberbegriffe zu.

Nachdem Cicero die Anklage gegen Verres zugesprochen worden war, erhielt er eine Frist von 110 Tagen, um in Sizilien Beweise gegen Verres zu sammeln, Zeugen zu vernehmen und Gemeinden dazu zu veranlassen, Gesandtschaften zu schicken. Rastlos arbeitete er auf dieses Ziel hin; dabei half ihm die Tatsache, dass er als Provinzverwalter einen außerordentlich guten Ruf erworben hatte.

5 Cicero beginnt die erste Anklagerede

Rechtzeitig in Rom zurück musste Cicero feststellen, dass auch die Gegenseite nicht tatenlos geblieben war: So hatte sie erreicht, dass ein anderer Prozess vorgezogen wurde, der Verres-Prozess aber erst mit dreimonatiger Verzögerung, am 5. August 70, beginnen konnte.
Die Verres-Clique setzte also auf eine Verzögerungstaktik, da man hoffte, nach den Wahlen eine bessere politische Ausgangssituation zu haben. Diese Taktik schien aufzugehen, denn die Verres-Freunde Hortensius und Metellus gewannen die Wahlen für das kommende Jahr 69.
Das Jahr 70 hatte aufgrund zahlreicher Festtage nur noch wenige Prozesstage, zu wenige, um ein Verfahren dieser Größenordnung durchführen zu können – so schien es. Verres nahm bereits Gratulationen entgegen. Doch Cicero durchkreuzte seine Pläne.

Quod erat optandum maxime, iudices,
et quod unum ad invidiam vestri ordinis
infamiamque iudiciorum sedandam
maxime pertinebat,
5 id non humano consilio, sed prope divinitus
datum atque oblatum vobis
summo rei publicae tempore videtur.

Inveteravit enim iam opinio
perniciosa rei publicae vobisque periculosa,
10 quae non modo apud nos,
sed apud exteras nationes
omnium sermone percrebruit
his iudiciis, quae nunc sunt,
perniciosum hominem, quamvis sit nocens,
15 neminem posse damnari.

Nunc in ipso discrimine ordinis
iudiciorumque vestrorum,
cum sint parati,
qui contionibus et legibus
20 hanc invidiam senatus inflammare conentur,
reus in iudicium adductus est C. Verres,
homo vita atque factis
omnium iam opinione damnatus,
pecuniae magnitudine
25 sua spe et praedicatione absolutus.

invidia: Neid, Hass
sēdāre: besänftigen, mildern

prope *Adv.*: fast, beinahe
dīvīnitus *Adv.*: durch göttliche Fügung

inveterāscere, inveterāvī, -: alt werden, sich festsetzen
opīniō, ōnis *f.*: Meinung, Ansicht
perniciōsus: verderblich
sermō, ōnis *m.*: Gespräch, Gerede
percrēbrēscere, percrēbruī: sich verbreiten
quamvīs + *Konj.*: wie sehr auch, obwohl
nocēns: schuldig

discrīmen, inis *n.*: Entscheidung, Gefahr
cōntiō, ōnis *f.*: Volksversammlung, Rede vor dem Volk

reus: Angeklagter

spēs, eī *f.*: Hoffnung, Erwartung
praedicātiō, ōnis *f.*: öffentliche Aussage
absolvere, solvī, solūtum: freisprechen

Huic ego causae, iudices,
cum summa voluntate et
exspectatione populi Romani actor accessi,
non ut augerem invidiam ordinis,
30 sed ut infamiae communi succurrerem.

causae accēdere: einen Fall übernehmen
exspectātiō, ōnis *f.*: Erwartung
āctor, ōris *m.*: Ankläger
commūnis, e: allgemein, öffentlich
succurrere, currī, cursum: zu Hilfe eilen, abhelfen

Adduxi enim hominem,
in quo reconciliare
existimationem iudiciorum amissam,
redire in gratiam cum populo Romano,
35 satisfacere exteris nationibus possetis,
depeculatorem aerari,
vexatorem Asiae atque Pamphyliae,
praedonem iuris urbani,
labem atque perniciem provinciae Siciliae.

reconciliāre: wiederherstellen
exīstimātiō, ōnis *f.*: Meinung, Ansehen
in grātiam redīre cum: sich wieder aussöhnen mit
satisfacere, iō, fēcī, factum: Genugtuung verschaffen
dēpecūlātor, ōris *m.*: Plünderer
aerārium: Staatskasse
aerārī = aerāriī
vexātor, ōris *m.*: Ausbeuter
praedō, ōnis *m.*: Räuber, Plünderer
urbānus: städtisch, Stadt-
lābēs, is *f.*: Verderben, Unheil

40 De quo si vos severe ac religiose iudicaveritis,
auctoritas ea,
quae in vobis remanere debet, haerebit;
sin istius ingentes divitiae
iudiciorum religionem veritatemque perfregerint,
45 ego hoc tamen adsequar,
ut iudicium potius rei publicae
quam aut reus iudicibus
aut accusator reo defuisse videatur.

remanēre, mānsī, mānsum: zurückbleiben, dauerhaft bleiben
haerēre, haesī, haesum: hängen
perfringere, frēgī, frāctum: zerbrechen, verletzen
adsequī, or, secūtus sum: erreichen
potius *Adv.*: eher, lieber

1 (a) Wie kommt es nach Ciceros Meinung zur *invidia vestri ordinis* und zur *infamia iudiciorum* (Z. 2f.)? – (b) Welche Wirkung will Cicero mit diesem Beginn seiner Rede bei den *iudices* erzielen?

2 Welche stilistischen Besonderheiten weist der Satz *Adduxi …* (Z. 31-39) auf? Welche Wirkung will Cicero mit ihnen erzielen?

3 (a) Welche Vorwürfe erhebt Cicero hier gegen Verres? – (b) Vergleiche mit den Ergebnissen aus Frage 3 zu Text 4.

4 Beschreibe den Aufbau der vorliegenden Einleitung und dessen beabsichtigte Wirkung auf die Zuhörer.

6 ... und beendet seine Rede

Non sinam profecto
causa a me perorata,
quadraginta diebus interpositis,
tum nobis denique responderi,
5 cum accusatio nostra
in oblivionem diuturnitatis adducta sit.

sinere, sīvī, situm: lassen, zulassen
perōrāre: vollständig erörtern
interpōnere, posuī, positum: dazwischenstellen, dazwischen verstreichen lassen
accūsātiō, ōnis f.: Anklage
oblīviō, ōnis f.: Vergessenheit
diūturnitās, ātis f.: lange Dauer

Non committam,
ut tum haec res iudicetur,
cum haec frequentia totius Italiae
10 Roma discesserit,
quae convenit uno tempore undique
comitiorum, ludorum censendique causa.

iūdicāre: 1. urteilen, gerichtlich entscheiden 2. glauben, meinen; *mit doppeltem Akk.:* halten für
frequentia: Menschenmenge
comitia, ōrum n.: Volksversammlung, Wahlen
cēnsēre: hier: das Vermögen einschätzen

Daraufhin kündigt Cicero an, dass er nicht – wie eigentlich üblich – am Ende einer langen Anklagerede Zeugen auftreten lassen wolle, sondern zu jedem einzelnen Anklagepunkt sofort die Zeugen vorführen werde. Die Gegenseite habe dann Gelegenheit, an Ort und Stelle die Zeugen zu befragen und zu argumentieren. Er fährt fort:

Si quis erit,
qui perpetuam orationem accusationemque desideret,
15 altera actione audiet;
nunc id, quod facimus ea ratione,
ut malitiae illorum consilio nostro occurramus,
necessario fieri intellegat.

dēsīderāre: 1. wünschen 2. vermissen
āctiō, ōnis f.: Verhandlung, Rede
occurrere, currī, cursum: entgegenlaufen, Einhalt gebieten
necessāriō Adv.: notwendigerweise

Haec primae actionis erit accusatio.
20 Dicimus C. Verrem,
cum multa libidinose,
multa crudeliter in civis Romanos atque socios,
multa in deos hominesque nefarie fecerit,
tum praeterea quadringentiens sestertium
25 ex Sicilia contra leges abstulisse.

cīvīs = cīvēs
nefārius: gottlos, verbrecherisch
quadringentiēs sestertium: vierzig Millionen Sesterzen

Hoc testibus, hoc tabulis privatis
publicisque auctoritatibus
ita vobis planum faciemus,
ut hoc statuatis:
30 etiamsi spatium ad dicendum
nostro commodo vacuosque dies habuissemus,
tamen oratione longa nihil opus fuisse.
Dixi.

tabula: *hier*: Verzeichnis, Rechnungsbuch
auctōritās: *hier*: Urkunde
plānus: 1. flach, eben 2. deutlich, klar
statuere, statuī, statūtum: aufstellen, festsetzen, beschließen
spatium: Raum, Zeitraum

1 Zum ersten Abschnitt: (a) Welche Entwicklung im Verlauf des Prozesses will Cicero unter allen Umständen verhindern? – (b) Welche Gründe gibt er hierfür an, welche weiteren Gründe bleiben ungenannt?

2 (a) Welche Anklagepunkte nennt Cicero in Z. 19 ff.? – (b) Vergleiche diese mit den oben genannten (s. Frage 3 zu Text 4 und Frage 3 zu Text 5). – (c) Mit welchen stilistischen Mitteln verleiht er ihnen besonderes Gewicht?

Der Ausgang des Prozesses

Ciceros Beweisführung hatte einen so durchschlagenden Erfolg, dass Verres noch vor der zweiten Verhandlung, die für den 20. September angesetzt war, ins freiwillige Exil nach Massilia (Marseille) ging. Auch wenn Verres nur drei Millionen Sesterzen zurückzahlen musste, waren die Sizilianer mit dem Ausgang des Prozesses zufrieden.
5 Vielleicht war dies auch der Betrag, den man noch beschlagnahmen konnte, nachdem Verres sein Vermögen rechtzeitig in Sicherheit gebracht hatte.
Cicero selbst war nach diesem Prozess zum ersten Redner Roms geworden.

Die zweite Rede

Cicero veröffentlichte bald das umfangreiche Material, das er für den Prozess gesammelt hatte, indem er es in die – nicht gehaltene – actio secunda packte. Darin erhält er die Fiktion aufrecht, dass Verres doch zur zweiten Verhandlung erschienen sei und dass er diese Rede vor den Richtern halte. In der actio secunda dokumentiert er nicht
5 nur den Fall Verres, sondern wirft ein Schlaglicht auf Formen der Ausbeutung einer Provinz, wie sie im Einzelnen immer wieder vorgekommen sind. Zugleich gibt die Rede einen Einblick in das reiche kulturelle Erbe, das die Griechen auf Sizilien hinterließen.

7 Wovon wir lieber schweigen wollen

Nunc mihi temporis eius,
quod mihi ad dicendum datur,
quoniam in animo est
causam omnem exponere,
5 habenda ratio est diligenter.
Itaque primum illum actum istius vitae
turpissimum et flagitiosissimum praetermittam.

quoniam: da ja
expōnere, ō, posuī, positum: auseinandersetzen, darlegen

āctus, ūs *m.*: Abschnitt
flāgitiōsus: schmachvoll, schimpflich
praetermittere, mīsī, missum: vorbeigehen lassen, übergehen

Nihil a me de pueritiae suae flagitiis audiet,
nihil ex illa impura adulescentia sua;
10 quae qualis fuerit
aut meministis,
aut ex eo, quem sui simillimum produxit,
recognoscere potestis.

pueritia: Kindheit, Jugend *(bis ca. 17 Jahre)*
impūrus: lasterhaft
quālis, e: wie (beschaffen)
meminisse, meminī: sich erinnern
prōdūcere, dūxī, ductum: hervorbringen

Omnia praeteribo,
15 quae mihi turpia dictu videbuntur,
neque solum,
quid istum audire,
verum etiam
quid me deceat dicere, considerabo.

praeterīre, eō, iī, itum: vorbeigehen, übergehen
turpia dictū: widerlich auszusprechen

vērum *Adv.*: aber, jedoch
decet: es geziemt sich, gehört sich
cōnsīderāre: überlegen, erwägen

20 Vos, quaeso, date hoc et
concedite pudori meo,
ut aliquam partem de istius impudentia
reticere possim.

quaesō: bitte
concēdere, cessī, cessum: einräumen, erlauben
pudor, ōris *m.*: Ehrgefühl, Schamgefühl
impudentia: Schamlosigkeit
reticēre: verschweigen

Omne illud tempus, quod fuit,
25 antequam iste ad magistratus
remque publicam accessit,
habeat per me solutum ac liberum.

magistrātus, ūs *m.:* Amt, Beamter, Behörde, Magistrat

solūtus: *hier:* unberücksichtigt

Sileatur de nocturnis eius bacchationibus ac vigiliis;
lenonum, aleatorum, perductorum nulla mentio fiat;
30 damna, dedecora,
   quae res patris eius,
   aetas ipsius pertulit, praetereantur;
   lucretur indicia veteris infamiae;
   patiatur eius vita reliqua
35 me hanc tantam iacturam criminum facere.

Quaestor Cn. Papirio consuli fuisti
abhinc annos quattuordecim.
Ex ea die ad hanc diem,
quae fecisti, in iudicium voco:
40 hora nulla vacua a furto, scelere,
crudelitate, flagitio reperietur.
Hi sunt anni consumpti in quaestura
et legatione Asiatica et praetura urbana
et praetura Siciliensi.

silēre, siluī: schweigen
nocturnus: nächtlich
bacchātiō, ōnis *f.*: Orgie
vigilia: *hier*: durchzechte Nacht
lēnō, ōnis *m.*: Kuppler
āleātor, ōris *m.*: Würfelspieler
perductor, ōris *m.*: Zuhälter
dēdecus, oris *n.*: Schande
lucrētur: er soll für sich behalten
indicium: Anzeichen
patī, ior, passus sum: erdulden, zulassen
iactūra: Verlust, Auslassung

abhinc *Adv. + Akk.*: vor

cōnsūmere, sūmpsī, sūmptum: verwenden, verbringen
lēgātiō, ōnis *f.*: Amt eines Legaten
praetūra: Amt des Prätors

Praeteritio

Bei dieser Gedankenfigur erklärt der Redner, dass er »Unwichtiges« übergehen wolle. Dabei zählt er diese angeblich unwichtigen Punkte der Reihe nach auf und lenkt gerade dadurch unauffällig die Aufmerksamkeit der Zuhörer auf sie.

1 (a) Stelle aus dem Text Wörter zusammen, die zum Sachfeld »übergehen, auslassen« gehören. – (b) Zeige ausgehend von oben stehender Definition, wie Cicero von dem Stilmittel *praeteritio* hier Gebrauch macht. – (c) Welche Wirkung erzielt er damit?

2 (a) Welche Abschnitte dieses Textes haben mit den eigentlichen Anklagepunkten nichts zu tun? – (b) Warum führt Cicero sie hier trotzdem an?

8 Verres in Achaia

Posteaquam Cn. Dolabellae provincia Cilicia
constituta est, o di immortales,
quanta iste cupiditate, quibus adlegationibus
illam sibi legationem expugnavit!
5 Id quod Cn. Dolabellae
principium maximae calamitatis fuit.

Nam ut est profectus,
quacumque iter fecit,
eius modi fuit,
10 non ut legatus populi Romani,
sed ut quaedam calamitas pervadere videretur.
In Achaia
– praetermittam minora omnia,
quorum simile forsitan alius quoque
15 aliquid aliquando fecerit;
nihil dicam nisi singulare,
nisi id quod,
si in alium reum diceretur,
incredibile videretur –
20 magistratum Sicyonium nummos poposcit.
Ne sit hoc crimen in Verrem:
fecerunt alii.
Cum ille non daret, animadvertit:
improbum, sed non inauditum.

25 Genus animadversionis videte:
Quaeretis, ex quo genere hominem istum iudicetis.
Ignem ex lignis viridibus atque umidis
in loco angusto fieri iussit:
Ibi hominem ingenuum,
30 domi nobilem,
populi Romani socium atque amicum,
fumo excruciatum
semivivum reliquit.

---

posteāquam = postquam
dī = deī
allēgātiō, ōnis *f*.: besondere Aufträge
expūgnāvit: *Subjekt ist Verres*
prīncipium: Anfang, Ursprung
maximae calamitātis: *Verres unterstützte später als Zeuge die Anklagen gegen Dolabella, der der Erpressung bezichtigt wurde, und rettete so seine eigenen unerlaubten Einnahmen, die er in Kilikien gemacht hatte*

ut (prīmum) + *Ind. Perf.*: sobald
proficīscī, proficīscor, profectus sum: aufbrechen, abreisen
profectus est: *Subjekt ist Verres*
quācumque: wo auch immer
lēgātus: Gesandter, Legat
pervādere: sich verbreiten, durchkommen

forsitan *Adv.*: vielleicht

singulāris, e: einzigartig, beispiellos

incrēdibilis, e: unglaublich, unglaubwürdig
poscere, poposcī, - + *dopp. Akk.*: etw. von jdm. fordern
animadvertere, vertī, versum: 1. bemerken 2. bestrafen
improbus: schlecht, niederträchtig
inaudītus: unerhört, noch nicht gehört

animadversiō, ōnis *f*.: Bestrafung

viridis, e: grün
ūmidus: feucht
angustus: eng
ingenuus: frei geboren

fūmus: Rauch
excruciāre: foltern
sēmivīvus: halbtot

1 Welches Ziel verfolgt Cicero mit dem Wortspiel in den Zeilen 3 und 4 *adlegationibus – legationem*?

2 Welches Verhalten römischer Beamten in den Provinzen stellt Cicero als »normal« dar? Ziehe hierzu auch den Informationstext hinzu. – (b) In welchen Punkten kritisiert er Verres' Vorgehen? – (c) Was stellt er daran als besonders verwerflich heraus? Zitiere lateinisch. – (d) Was bezweckt Cicero wohl mit diesem Aufbau seiner Argumentation?

3 An welchen Stellen macht Cicero hier von dem Stilmittel der *praeteritio* Gebrauch und welche Wirkung erzielt er damit?

Provinzverwaltung

Die Römer waren bis zum 3. Jhd. v.Chr. nach und nach Herren über Italien geworden. 241 v.Chr. eroberten sie mit Sizilien zum ersten Mal ein Gebiet außerhalb des Festlands und machten es zur *Provinz.*

Es gab keine einheitliche Organisation der Provinzen. In der Regel übernahmen die Römer die Organisation, die sie vorfanden. Denn der Statthalter, der *praetor provinciae,* war der einzige Beamte, der zusammen mit einem kleinen Stab die römische Herrschaft vertrat. Die Städte und Gemeinden waren zu Abgaben verpflichtet. Die Bevölkerung in den Provinzen hatte keine Rechtssicherheit, sie konnte sich gegen Übergriffe des Statthalters oder der Steuereintreiber nicht mit Aussicht auf Erfolg wehren. Der Senat ließ die Statthalter meistens gewähren.

Achaia wurde zwar erst im Jahre 27 v.Chr. zur römischen Provinz mit der Hauptstadt Korinth, war aber bereits seit der Zerstörung Korinths 146 v.Chr. de facto okkupiert. Die sieben Meter hohen Säulen des Apollontempels mussten auch schon Verres beeindruckt haben.

9 Verres auf Delos

Delum venit.
Ibi ex fano Apollinis religiosissimo
noctu clam sustulit
signa pulcherrima atque antiquissima,
5 eaque in onerariam navem suam conicienda curavit.
Postridie cum fanum spoliatum viderent ii,
qui Delum incolebant, graviter ferebant;
est enim tanta apud eos
eius fani religio atque antiquitas,
10 ut in eo loco ipsum Apollinem natum esse arbitrentur.
Verbum tamen facere non audebant,
ne forte ea res ad Dolabellam ipsum pertineret.

Tum subito tempestates coortae sunt maximae, iudices,
ut non modo proficisci,
15 cum cuperet Dolabella, non posset,
sed vix in oppido consisteret:
ita magni fluctus eiciebantur.
Hic navis illa praedonis istius,
onusta signis religiosis,
20 expulsa atque eiecta fluctu frangitur;
in litore signa illa Apollinis reperiuntur;
iussu Dolabellae reponuntur.
Tempestas sedatur, Dolabella Delo proficiscitur.

Non dubito, quin,
25 tametsi nullus in te sensus humanitatis,
nulla ratio umquam fuit religionis,
nunc tamen in metu periculoque tuo
tuorum tibi scelerum veniat in mentem.

Potestne tibi ulla spes salutis commoda ostendi,
30 cum recordaris
in deos immortalis quam impius,
quam sceleratus, quam nefarius fueris?
Apollinemne tu Delium spoliare ausus es?
Illine tu templo tam antiquo, tam sancto,
35 tam religioso manus impias ac sacrilegas
adferre conatus es?

Vokabelhilfen:

- nāvis onerāria: Lastschiff
- cūrāre + *Gerundivum:* lassen
- postrīdiē *Adv.:* am folgenden Tag
- spoliāre: (be)rauben, ausplündern
- antīquitās, ātis *f.:* Alter(tum), alte gute Sitte
- nāscī, or, nātus sum: geboren werden
- audēre, eō, ausus sum: wagen *(das Perfekt hat passive Form, aber aktive Bedeutung)*
- coorīrī, ortus sum: ausbrechen
- cōnsistere, stitī, - : stehen bleiben
- flūctus, ūs *m.:* Woge, Flut
- ēicere, iō, iēcī, iectum: hinauswerfen, hochschleudern
- frangere, frēgī, frāctum: zerbrechen, zertrümmern
- repōnere, posuī, positum: zurückbringen, zurückstellen
- nōn dubitō, quīn: ich zweifle nicht, dass
- tametsī: auch wenn
- sēnsus, ūs *m.:* Empfindung, Sinn
- umquam *Adv.:* jemals
- mihi in mentem venit alicuius reī: ich erinnere mich an etw.
- commodus: passend, günstig
- immortālīs = immortālēs
- impius: gottlos, frevelhaft
- scelerātus: verbrecherisch
- sacrilegus: ruchlos

Si in pueritia non iis artibus ac disciplinis
institutus eras,
ut ea, quae litteris mandata sunt,
40 disceres atque cognosceres,
ne postea quidem, cum in ea ipsa loca venisti,
potuisti accipere id,
quod est proditum memoria ac litteris,
Latonam ex longo errore
45 et fuga gravidam
et iam ad pariendum temporibus exactis
confugisse Delum
atque ibi Apollinem Dianamque peperisse?

īnstituere, stituī, stitūtum: einrichten, unterrichten
mandāre: übergeben, anvertrauen
litterīs aliquid mandāre: etw. schriftlich aufzeichnen
loca, ōrum *n.*: Gegend
prōdere, didī, ditum: verraten, überliefern
memoriā ac litterīs prōdere: mündlich und schriftlich überliefern
gravidus: schwanger
exāctus: vollendet

1 (a) Gegen welche römischen Werte haben Verres und Dolabella verstoßen? Schreibe alle lateinischen Begriffe aus dem Text, die zu diesem Sachfeld gehören. – (b) Welche weiteren Vorwürfe erhebt Cicero gegen Verres?

2 (a) Wie haben die betroffenen Einwohner reagiert? – (b) Warum reagierten sie so?

3 Welche besondere religiöse Bedeutung hat Delos? Beurteile auf diesem Hintergrund nochmals das Vorgehen des Verres.

Delos ist die Insel, auf der Apoll und Diana geboren wurden. Delphi – hier der Apollotempel – wurde zum Zentrum des Apollokultes.

10 Verres in der Provinz Asia

Cicero berichtet immer wieder von Übergriffen des Verres auf die Zivilbevölkerung. So ließ dieser seinen Begleiter Rubrius in der Stadt Lampsakos am Hellespont nach besonders schönen Mädchen suchen. Nachdem Rubrius die Tochter des Philodamos, des angesehensten Bürgers der Stadt, ausgemacht hatte, schaffte es Verres mit allen Schlichen, zu Philodamos nach Hause eingeladen zu werden. Im weiteren Verlauf des Gastmahls fragt Rubrius plötzlich Philodamos:

»Quaeso«, inquit, »Philodame,
cur ad nos filiam tuam non intro vocari iubes?«
Homo, qui et summa gravitate
et iam id aetatis et parens esset,
5 obstipuit hominis improbi dicto.
Instare Rubrius.

Tum ille, ut aliquid responderet,
negavit moris esse Graecorum,
ut in convivio virorum accumberent mulieres.
10 Hic tum alius ex alia parte,
»Enim vero ferendum hoc quidem non est;
vocetur mulier!«
Et simul servis suis Rubrius,
ut ianuam clauderent et ipsi ad foris adsisterent,
15 imperat.

Quod ubi ille intellexit
id agi atque id parari,
ut filiae suae vis adferretur,
servos suos ad se vocat;
20 his imperat, ut se ipsum neglegant,
filiam defendant;
excurrat aliquis,
qui hoc tantum domestici mali filio nuntiet.
Clamor interea fit tota domo;
25 pugna inter servos Rubri atque hospitis;
iactatur domi suae vir primarius
et homo honestissimus;
pro se quisque manus adfert;
aqua denique ferventi a Rubrio ipso
30 Philodamus perfunditur.

---

intrō Adv.: hinein

id aetātis: schon älter
parēns, entis f. und m.: Mutter, Vater
obstipēscere, stipuī: erstarren
īnstāre, stitī, stātūrus: drängen, darauf bestehen, drohen; *in lebhaften Erzählungen wird oft der Infinitiv Präsens gebraucht, um die Dramatik der Ereignisse auszudrücken.*

convīvium: Gastmahl
accumbere: Platz nehmen

enim vērō: ja tatsächlich!

simul: 1. zugleich 2. simul (ut): sobald
iānua: (Haus)tür
foris, is f.: Tür(flügel)
forīs = forēs
adsistere: sich hinstellen

excurrere: hinauslaufen
domesticus: einheimisch, häuslich, der Familie
intereā Adv.: unterdessen, inzwischen
pūgna: Kampf
hospes, itis m.: Gast, Gastgeber
prīmārius: vornehm
manūs adferre: Schläge austeilen
fervēre: sieden, kochen, heiß sein
perfundere: übergießen

Haec ubi filio nuntiata sunt,
statim exanimatus ad aedis contendit,
ut et vitae patris et pudicitiae sororis succurreret;
omnes eodem animo Lampsaceni,
35 simul ut hoc audierunt,
quod eos cum Philodami dignitas
tum iniuriae magnitudo movebat,
ad aedis noctu convenerunt.

Servi non nulli vulnerantur;
40 ipse Rubrius in turba sauciatur.
Iste, qui sua cupiditate
tantos tumultus concitatos videret,
cupere aliqua evolare, si posset.

Postridie homines mane in contionem conveniunt;
45 quaerunt, quid optimum factu sit.
Inventus est nemo,
cuius non haec et sententia esset et oratio,
non esse metuendum,
si istius nefarium scelus
50 Lampsaceni ulti vi manuque essent.
Haec cum omnes sentirent,
ad eam domum, in qua iste deversabatur,
profecti sunt; caedere ianuam saxis, instare ferro,
ligna et sarmenta circumdare
55 ignemque subicere coeperunt.
Tunc cives Romani, qui Lampsaci negotiabantur,
concurrunt; orant Lampsacenos,
ut gravius apud eos nomen legationis
quam iniuria legati putaretur …

nūntiāre: melden
exanimātus: außer Atem
aedēs, is *f.*: *Sg.*: Tempel *Pl.*: Haus
aedīs = aedēs
contendere, tendī, tentum: 1. sich anstrengen, kämpfen 2. eilen 3. behaupten
pudīcitia: Keuschheit, Ehre
audiērunt = audīvērunt

sauciāre: verletzen, verwunden
tumultus, ūs *m.*: Tumult, Aufruhr
concitāre: erregen, hervorrufen
aliquā *Adv.*: irgendwo
ēvolāre: sich aus dem Staub machen

optimum factū: am besten zu tun

ulcīscī, or, ultus sum *m. Akk.*: jdn. oder etwas rächen, sich rächen für etw.
dēversārī: sich aufhalten
sarmentum: Reisig
subicere, iciō, iēcī, iectum: 1. darunter werfen, legen 2. unterwerfen
negōtiārī: Handel treiben

1 Zitiere lateinisch die Begriffe, mit denen Cicero einerseits Philodamos und andererseits Rubrius und Verres charakterisiert und fasse Ciceros Einstellung gegenüber diesen Personen mit eigenen Worten zusammen.

2 Mit welchen sprachlichen und stilistischen Mitteln unterstreicht Cicero die Dramatik im Verlauf des Geschehens?

3 (a) Wie verhalten sich die in der Stadt anwesenden römischen Bürger und welche Ziele verfolgen sie wohl? – (b) Wie könnte die Auseinandersetzung geendet haben?

11 Verres in Milet

Milesios navem poposcit,
quae eum praesidi causa Myndum prosequeretur:
illi statim myoparonem egregium
de sua classe ornatum atque armatum dederunt.
5 Hoc praesidio Myndum profectus est.
Nam quid a Milesiis lanae publice abstulerit,
item de sumptu in adventum,
de contumeliis et iniuriis in magistratum Milesium
tametsi dici cum vere
10 tum graviter et vehementer potest,
tamen dicere praetermittam
eaque omnia testibus integra reservabo:
illud, quod neque taceri ullo modo
neque dici pro dignitate potest,
15 cognoscite.

Milites remigesque Miletum Myndo
pedibus reverti iubet:
ipse myoparonem pulcherrimum
de decem Milesiorum navibus electum
20 L. Magio et L. Fannio, qui Myndi habitabant,
vendidit. Hi sunt homines,
quos nuper senatus
in hostium numero habendos censuit:
Hoc illi navigio ad omnis populi Romani hostis
25 usque ab Dianio ad Sinopam navigaverunt.

O di immortales,
incredibilem avaritiam singularemque audaciam!
Navem tu de classe populi Romani,
quam tibi Milesia civitas,
30 ut te prosequeretur, dedisset,
ausus es vendere?
Si te magnitudo malefici,
si hominum existimatio non movebat,
ne illud quidem cogitabas
35 huius improbissimi furti
sive adeo nefariae praedae
tam inlustrem ac tam nobilem civitatem
testem futuram?

---

praesidī = praesidiī
prōsequī, sequor, secūtus sum: begleiten, geleiten
myoparō, ōnis *m.*: Kriegsschiff, *das zur römischen Flotte gehörte*
classis, is *f.*: Flotte
armātus: bewaffnet
lāna: Wolle
item *Adv.*: ebenso
sūmptus, ūs *m.*: Aufwand, Kosten

integer, gra, grum: unversehrt, unangetastet
reservāre: aufbewahren, aufsparen

rēmex, igis *m.*: Ruderer

ēligere, ēlēgī, ēlēctum: auswählen

nāvigium: Schiff
omnīs ... hostīs = omnēs ... hostēs

maleficium: Verbrechen
maleficī = maleficiī

sīve: oder
adeō *Adv.*: so sehr, besonders
praeda: Beute

1 Stelle die lateinischen Wörter zum Sachfeld »Seefahrt« aus dem Text zusammen.

2 Zitiere lateinisch die Formulierungen, mit denen Cicero hier Verres' Verhalten bewertet. (b) Worin liegt das besonders Verwerfliche an Verres' Tat?

3 (a) Wie beschreibt Cicero Milet und die Milesier? – (b) Lies den Informationstext und bewerte auf diesem Hintergrund Verres' Vorgehen.

Asia minor

Kleinasien, das das Gebiet der heutigen westlichen Türkei umfasst und auch »Anatolien« genannt wird, war in der Antike ein viel umkämpftes Gebiet. Dies gilt insbesondere für die Städte an der Westküste von Troja bis Milet. Hier haben die Griechen etwa ab 700 v.Chr. Kolonien gegründet und viele dieser Städte zu einer großen kulturellen Blütezeit geführt. Hier wurden die Grundlagen für die abendländische Philosophie und die Naturwissenschaften gelegt: Der Satz des Thales, der in Milet um die zweite Hälfte des 7. Jhd. v.Chr. geboren wurde und sich dort mit Astronomie, Mathematik und Philosophie beschäftigte, ist jeder Schülerin und jedem Schüler bis heute bekannt. Anaximander, um 610 v.Chr. in Milet geboren, ging in die Geschichte als der Urheber der ersten Weltkarte ein. Anaximenes, ebenfalls aus Milet (geb. um 585), beschäftigte sich mit der Frage nach dem Urstoff als Ursache von allem, was in der Natur ist. Sie gehören zur Gruppe der sogenannten Vorsokratiker, also der Philosophen vor Sokrates (gestorben 399 v.Chr.). Die Städte an der Westküste der Asia minor waren auch in römischer Zeit immer noch Zentren der Wissenschaft und Kultur.

Die Bibliothek von Ephesus wurde zwischen 114 und 125 n.Chr. von einem römischen Konsul errichtet und zeugt bis heute davon, welch hohen kulturellen Stand die Städte an der ionischen Westküste hatten.

12 Mafiamethoden

Sostratus et Numenius et Nymphodorus
eiusdem civitatis
cum ex agris tres fratres consortes profugissent,
quod iis plus frumenti imperabatur
5 quam quantum exararant,
hominibus coactis
in eorum arationes Apronius venit,
omne instrumentum diripuit,
familiam abduxit, pecus abegit.

10 Postea cum ad eum Nymphodorus venisset Aetnam
et oraret, ut sibi sua restituerentur,
hominem corripi ac suspendi iussit
in oleastro quodam,
quae est arbor, iudices, Aetnae in foro.
15 Tam diu pependit in arbore
socius amicusque populi Romani
in sociorum urbe ac foro,
colonus aratorque vester,
quam diu voluntas Aproni tulit.
20 Genera iam dudum innumerabilium iniuriarum,
iudices, singulis nominibus profero,
infinitam multitudinem iniuriarum praetermitto.
Vos ante oculos animosque vestros
tota Sicilia decumanorum hos impetus,
25 aratorum direptiones,
huius importunitatem,
Aproni regnum proponite.
Contempsit Siculos,
non duxit homines
30 nec ipsos ad persequendum vehementis fore,
et vos eorum iniurias leviter laturos existimavit.

cōnsortēs: die gemeinschaftlich das Land bewirtschafteten
profugere, iō, fūgī, - : (ent)fliehen, entkommen
quantus: wie groß, wie viel
exarāre: ernten, gewinnen
exarārant = exarāverant
arātiō, ōnis *f.*: (Acker)land
abdūcere, dūxī, ductum: entführen
abigere, ēgī, āctum: forttreiben

suspendere, pendī, pēnsum: aufhängen
oleaster, trī *m.*: wilder Ölbaum

pendēre, pependī, - : hängen
colōnus: Bauer, Pächter
arātor, ōris *m.*: Bauer, Landwirt
Aprōnī = Aprōniī

dūdum *Adv.*: lange
innummerābilis, e: zahllos
prōferre, ferō, tulī, lātum: vortragen
īnfīnītus: unbegrenzt, unendlich
multitūdō, inis *f.*: Menge
decumānus: Zehntpächter, *abgabepflichtiger Bauer*
impetus, ūs *m.*: Angriff, Übergriff
dīreptiō, ōnis *f.*: Plünderung, Raub
importūnitās, ātis *f.*: Rücksichtslosigkeit
contemnere, ō, tempsī, temptum: verachten
dūcere *mit doppeltem Akk.*: halten für, *mit aci*: glauben, meinen
persequī, or, secūtus sum: verfolgen
vehementīs = vehementēs
fore = futūrum, am, um esse

Im weiteren Verlauf der Rede berichtet Cicero über die Auswirkungen, die Verres' dreijährige Statthalterschaft auf die Landwirtschaft hatte: Die öffentlichen Protokolle der Gemeinden, die die Zahl der Landwirte aufführten, bewiesen das. Im Gebiet von Leontinoi im südöstlichen Sizilien sei deren Zahl von 84 Großbauern, die vor Verres' Auftreten in Sizilien große Ländereien besessen hätten, auf 32 nach den drei Jahren, in denen Verres Statthalter war, zurückgegangen. Im Gebiet Motykas, das im Süden Siziliens liegt, sei die Zahl der Bauern von 187 auf 86 gesunken. Und so führt Cicero minutiös die Zahlen aus vielen weiteren Teilen Siziliens auf, bewiesen durch Urkunden der Gemeinden (in Verrem 2,3, 120—122).

1 Erstelle zum ersten (Z. 1-9) und zweiten Satz (Z. 10-14) je ein Satzbild.

2 Welche Wirkung hat die *Praeteritio* im zweiten Abschnitt?

3 (a) Zitiere die Grundeinstellung, die Verres und seine Leute den Sizilianern gegenüber an den Tag legten. – (b) Worin täuschten sie sich?

Landschaft in Sizilien.

13 Kunstraub

Venio nunc ad istius,
quem ad modum ipse appellat, studium,
ut amici eius, morbum et insaniam,
ut Siculi, latrocinium;
5 ego, quo nomine appellem, nescio.
Rem vobis proponam,
vos eam suo – non nominis – pondere penditote.
Genus ipsum prius cognoscite, iudices,
deinde fortasse non magno opere quaeretis,
10 quo id nomine appellandum putetis.

Nego in Sicilia tota,
tam locupleti, tam vetere provincia,
tot oppidis, tot familiis tam copiosis,
ullum argenteum vas,
15 ullum Corinthium aut Deliacum fuisse,
ullam gemmam aut margaritam,
quicquam ex auro aut ebore factum,
signum ullum aeneum, marmoreum, eburneum,
nego ullam picturam
20 neque in tabula neque in textili
quin conquisierit, inspexerit,
quod placitum sit, abstulerit.

Magnum videor dicere:
Attendite etiam, quem ad modum dicam.
25 Non enim verbi neque criminis augendi causa
complector omnia:
Cum dico nihil istum eius modi rerum
in tota provincia reliquisse,
Latine me scitote, non accusatorie loqui.

30 Etiam planius:
nihil in aedibus cuiusquam
ne in hospitis quidem,
nihil in locis communibus,
ne in fanis quidem,
35 nihil apud Siculum, nihil apud civem Romanum,
denique nihil istum,

quem ad modum Adv.: wie, auf welche Weise

latrōcinium: Räuberei

pendere, pependī, pensum: abwägen
penditōte: *Imperativ 2. Pers. Pl.*

locuplēs, ētis: reich, wohlhabend
cōpiōsus: reich, reichlich ausgestattet
argenteus: silbern, aus Silber
vās, vāsis *n.*: Gefäß
gemma: Edelstein
margarīta: Perle
ebur, oris *n.*: Elfenbein
aēneus: kupfern, aus Bronze
marmoreus: aus Marmor
eburneus: aus Elfenbein
pictūra: Gemälde
textile, is *n.*: Gewebe
quīn: *hier:* ohne dass
conquīrere, quīsīvī, quīsītum: aufspüren, auftreiben, zusammensuchen
conquīserit = conquīsīverit
placitus: gefällig, angenehm

attendere, tendī, tentum: Acht geben, beachten

complectī, or, plexus sum: umfassen, zusammenfassend darstellen
Latīnus: lateinisch
scītō, scītōte: wisse, wisset
accūsātōriē *Adv.*: in der Art eines Anklägers

quod ad oculos animumque acciderit,
neque privati neque publici
neque profani neque sacri tota in Sicilia reliquisse.   profānus: nicht geweiht, profan

1 Mit welchen stilistischen und rhetorischen Mitteln verstärkt Cicero den Vorwurf gegen Verres, Kunstraub in großem Umfang begangen zu haben?

2 (a) In welchen Bereichen fühlten die Römer sich selbst anderen Völkern und vor allem den Griechen unterlegen, worin sahen sie ihren Auftrag (s. Zusatztext)? – (b) Warum sammelte Verres wohl griechische Kunst?

Römisches Selbstverständnis

In Vergils Aeneis (Zeit des Kaisers Augustus) wird das römische Selbstverständnis so ausgedrückt:
»Andere werden aus Erz gefälliger atmende Gebilde formen – so glaube ich jedenfalls –, sie werden aus Marmor lebendige Gesichtszüge gestalten, sie werden besser
5 Gerichtsreden halten, die Bahnen der Himmelskörper mit dem Zeichenstab beschreiben und voraussagen, wann die Sterne aufgehen: Du, Römer, denke daran, die Völker mit Macht zu regieren – das werden deine Künste sein – und den Frieden mit Ordnung zu sichern, die Unterworfenen zu schonen und die Überheblichen durch Krieg in den Boden zu stampfen.«
(6, 847–853)

Töpfermarkt in Sizilien.

14 Die Diana-Statue von Segesta (1)

Itaque hoc nefario scelere concepto
nihil postea tota in Sicilia
neque sacri neque religiosi duxit esse,
ita sese in ea provincia per triennium gessit,
5   ut ab isto non solum hominibus,
verum etiam dis immortalibus
bellum indictum putaretur.

Segesta est oppidum pervetus in Sicilia, iudices,
quod ab Aenea fugiente a Troia
10 atque in haec loca veniente
conditum esse demonstrant.
Itaque Segestani
non solum perpetua societate atque amicitia,
verum etiam cognatione
15 se cum populo Romano coniunctos esse arbitrantur.
Hoc quondam oppidum,
cum illa civitas cum Poenis
suo nomine ac sua sponte bellaret,
a Carthaginiensibus vi captum atque deletum est,
20 omniaque, quae ornamento urbi esse possent,
Carthaginem sunt ex illo loco deportata.

Fuit apud Segestanos ex aere Dianae simulacrum,
cum summa atque antiquissima praeditum religione
tum singulari opere artificioque perfectum.
25 Hoc translatum Carthaginem
locum tantum hominesque mutarat,
religionem quidem pristinam conservabat;
nam propter eximiam pulchritudinem
etiam hostibus digna,
30 quam sanctissime colerent, videbatur.

Aliquot saeculis post
P. Scipio bello Punico tertio Carthaginem cepit;
qua in victoria,
– videte hominis virtutem et diligentiam,
35   ut et domesticis praeclarissimae virtutis exemplis
gaudeatis et eo maiore odio dignam
istius incredibilem audaciam iudicetis, –

---

scelere: *Verres hatte einen dem Jupiter geweihten wertvollen Leuchter entwendet*
concipere, iō, cēpī, ceptum: fassen, ergreifen, begehen
triennium: Zeitraum von drei Jahren
dīs = deīs
indīcere, dīxī, dictum: ansagen, öffentlich bekannt machen
pervetus, eris: sehr alt

societās, ātis *f*.: Gemeinschaft, Bündnis
cōgnātiō, ōnis *f*.: Verwandtschaft

meā, tuā, suā sponte: aus eigenem Antrieb, von sich aus
bellāre: Krieg führen
dēportāre: wegbringen, fortschaffen

aes, aeris n.: Erz, Bronze, Kupfer
praeditus: versehen mit, verbunden mit
artificium: 1. Kunst 2. Kunstwerk
trānsferre, ferō, tulī, lātum: hinübertragen, hinüberschaffen
tantum *Adv.*: nur
mūtārat = mūtāverat
prīstinus: früher, ehemalig
cōnservāre: bewahren
eximius: außerordentlich
pulchritūdō, inis f.: Schönheit
dīgna: bezieht sich auf Diāna

convocatis Siculis omnibus,   convocāre: zusammenrufen
   quod diutissime saepissimeque
40 Siciliam vexatam a Carthaginiensibus esse cognorat,   cōgnōrat = cōgnōverat
iubet omnia conquiri,
pollicetur sibi magnae curae fore,   cūra: Sorge, Sorgfalt
   ut omnia civitatibus,
      quae cuiusque fuissent,
45 restituerentur.

1 Welchen neuen Vorwurf erhebt Cicero hier gegen Verres?

2 (a) Auf welche Weise lenkt Cicero in dieser Einleitung den Leser? – (b) Wie wird die Geschichte wohl weitergehen?

Tempel von Segesta.

15 Die Diana-Statue von Segesta (2)

Illo tempore Segestanis maxima cum cura
haec ipsa Diana, de qua dicimus, redditur,
reportatur Segestam,   *reportāre: zurückbringen*
in suis antiquis sedibus
5 summa cum gratulatione civium et laetitia reponitur.   *grātulātiō, ōnis f.: Freude, Danksagung*
laetitia: Freude

Hanc cum iste
sacrorum omnium et religionum hostis praedoque   *sacrum: Heiligtum, heiliger Gegenstand*
vidisset, flagrare cupiditate atque amentia coepit,   *flagrāre: brennen, lodern*
imperat magistratibus,   *āmentia: Wahnsinn*
10 ut eam demoliantur   *dēmōlīrī, ior: 1. abreißen*
et sibi dent;   *2. herunternehmen*
nihil sibi gratius ostendit futurum.

Illi vero dicere sibi id nefas esse,   *dīcere: zur Funktion des Infinitivs s. S. 22*
seseque cum summa religione
15 tum summo metu legum et iudiciorum teneri.   *nefās undeklinierbar n.: Frevel, Sünde, Verbrechen*

Iste tum petere ab aliis, tum minari,   *petere, minārī, ostendere: zur Funktion der Infinitive s. S. 22*
tum spem, tum metum ostendere.
minārī: drohen

Opponebant illi nomen interdum P. Africani.   *oppōnere, posuī, positum: entgegenstellen, vorbringen*
Populi Romani illud esse dicebant;
20 nihil se in eo potestatis habere,
quod imperator clarissimus urbe hostium capta   *clārus: hell, klar, berühmt*
monumentum victoriae populi Romani esse voluisset.

Cum iste nihilo remissius   *remissus: nachlassend, ruhig*
atque etiam multo vehementius instaret cotidie,
25 res agitur in senatu.
Vehementer ab omnibus reclamatur.   *reclāmāre: laut widersprechen*
Itaque illo tempore ac primo istius adventu pernegatur.   *pernegāre: klar abweisen*

Postea, quidquid erat oneris   *quisquis, quidquid: wer auch immer, was auch immer*
in nautis remigibusque exigendis,   *rēmex, igis m.: Ruderer*
30 in frumento imperando,
Segestanis praeter ceteros imponebat,   *praeter + Akk.: 1. außer 2. mehr als*
aliquanto amplius quam ferre possent.   *impōnere, posuī, positum: auf etw. setzen, auferlegen*
aliquantus: viel, bedeutend
amplus: weit, groß

Praeterea magistratus eorum evocabat,
optimum quemque et nobilissimum ad se arcessebat,
35 singillatim uni cuique calamitati fore se denuntiabat,
universis se funditus eversurum esse
illam civitatem minabatur.

ēvocāre: herbeirufen
arcessere, arcessīvī, arcessītum: herbeiholen, kommen lassen
singillātim *Adv.*: einzeln
dēnūntiāre: ankündigen, androhen
ūniversus: gesamt, ganz; *Pl.*: alle
funditus *Adv.*: ganz und gar
ēvertere, vertī, versum: zerstören, umkehren

Itaque aliquando multis malis magnoque metu victi
Segestani praetoris imperio
40 parendum esse decreverunt.
Magno cum luctu et gemitu totius civitatis
multis cum lacrimis et lamentationibus
virorum mulierumque omnium
simulacrum Dianae tollendum locatur.

lūctus, ūs *m.*: Trauer
gemitus, ūs *m.*: Seufzen, Wehklagen
lāmentātiō, ōnis *f.*: Jammern
tollendum locātur: es wird der Auftrag vergeben, es zu entfernen

1 (a) Mit welchen Mitteln erreicht Verres am Ende sein Ziel? – (b) Vergleiche den Ausgang der Geschichte mit deinen Erwartungen (s. Aufgabe 2 b zu Text 14).

2 Welche Funktion haben die Erinnerung an Publius Scipio Africanus und die Erwähnung des römischen Volkes (Zeile 18f.) in Ciceros Argumentation?

16 Der Ceres-Tempel in Henna

Nec solum Siculi,
verum etiam ceterae gentes nationesque
Hennensem Cererem maxime colunt.
Etenim si Atheniensium sacra
5 summa cupiditate expetuntur,
ad quos Ceres venisse dicitur
frugesque attulisse,
quantam esse religionem convenit eorum,
apud quos eam natam esse
10 et fruges invenisse constat?

Itaque apud patres nostros
atroci ac difficili rei publicae tempore,
cum Tiberio Graccho occiso
magnorum periculorum metus
15 ex ostentis portenderetur,
P. Mucio L. Calpurnio consulibus
aditum est ad libros Sibyllinos;
ex quibus inventum est
Cererem antiquissimam placari oportere.

20 Tum ex amplissimo collegio decemvirali
sacerdotes populi Romani,
cum esset in urbe nostra
Cereris pulcherrimum
et magnificentissimum templum,
25 tamen usque Hennam profecti sunt.
Tanta enim erat auctoritas et vetustas illius religionis,
ut, cum illuc irent, non ad aedem Cereris,
sed ad ipsam Cererem proficisci viderentur.

Non obtundam diutius;
30 etenim iam dudum vereor,
ne oratio mea aliena ab iudiciorum ratione
et a cotidiana dicendi consuetudine esse videatur.
Hoc dico:
hanc ipsam Cererem antiquissimam, religiosissimam,
35 principem omnium sacrorum,

---

etenim *Adv.*: denn
expetere: aufsuchen

quantam … convenit: wie groß
muss dann deren Verehrung sein …

atrōx, ōcis: grässlich, schrecklich

ostentum: Vorzeichen
portendere: ankündigen
librī Sibyllīnī: die Sibyllinischen Bücher, *enthielten alte Weissagungen und wurden in Notzeiten durch die Priester befragt*
plācāre: besänftigen
oportēre, oportet, oportuit: es ist nötig

collēgium decemvirāle: Kollegium der Zehnmänner, *sie legten die Sibyllinischen Bücher aus*

obtundere: lästig sein
dūdum *Adv.*: längst
cot(t)īdiānus: täglich, alltäglich

quae apud omnis gentis nationesque fiunt,   omnīs gentīs = omnēs gentēs
a C. Verre ex suis templis ac sedibus esse sublatam.
Qui accessistis Hennam,
vidistis simulacrum Cereris e marmore   marmor, oris *n.*: Marmor
40 et in altero templo Liberae.
Sunt ea perampla atque praeclara, sed non ita antiqua.   peramplus: sehr groß
Ex aere fuit quoddam
modica amplitudine ac singulari opere   modicus: maßvoll, angemessen
cum facibus perantiquum,   amplitūdō, inis *f.*: Weite, Größe
    fax, facis *f.*: Fackel
45 omnium illorum,
quae sunt in eo fano,   perantīquus: sehr alt
multo antiquissimum;
id sustulit.

1 (a) Auf welche Weise hebt Cicero die Bedeutung der Göttin Ceres hervor? – (b) Weshalb hatte der Cereskult wohl gerade in Sizilien eine so große Bedeutung?

2 Beschreibe den Aufbau des Abschnitts. Welches Ziel verfolgt Cicero mit dieser Gliederung?

3 Wie verhält sich Verres nach Ciceros Darstellung gegenüber den Göttern und der Gottesverehrung? Belege deine Aussage aus den bislang gelesenen Texten.

Die Landwirtschaft hat bis heute eine große Bedeutung auf Sizilien.

17 Das anstrengende Leben eines Provinzverwalters

Itinerum primum laborem, | vel: 1. oder 2. sogar
qui vel maximus est in re militari, iudices, | rēs mīlitāris, reī mīlitāris: Militärwesen
et in Sicilia maxime necessarius,
accipite, quam facile sibi iste et iucundum
5 ratione consilioque reddiderit.

Primum temporibus hibernis | hībernus: winterlich, Winter-
ad magnitudinem frigorum | frīgus, oris *n.*: Kälte
et tempestatum vim ac fluminum | remedium: Heilmittel, Hilfsmittel
praeclarum hoc sibi remedium compararat. | comparāre: 1. vergleichen 2. erwerben, verschaffen
10 Urbem Syracusas elegerat, | comparārat = comparāverat
cuius hic situs | situs, ūs *m.*: Lage
atque haec natura esse loci caelique dicitur, | turbulentus: unruhig, stürmisch
ut nullus umquam dies
tam magna ac turbulenta tempestate fuerit,
15 quin aliquo tempore eius diei | quīn: *hier:* ohne dass
solem homines viderint.
Hic ita vivebat iste bonus imperator
hibernis mensibus, | mēnsis, is *m.*: Monat
ut eum non facile non modo extra tectum, | extrā + *Akk.*: außerhalb
| tēctum: Dach, Haus
20 sed ne extra lectum quidem quisquam viderit; | brevitās, ātis *f.*: Kürze
ita diei brevitas conviviis, | longitūdō, inis *f.*: Länge
noctis longitudo stupris et flagitiis continebatur. | stuprum: Hurerei

Cum autem ver esse coeperat, | vēr, vēris *n.*: Frühling
dabat se labori atque itineribus;
25 in quibus eo usque se praebebat | eō ūsque: so weit
patientem atque impigrum, | sē praebēre: sich zeigen
ut eum nemo umquam in equo sedentem viderit. | patiēns, entis: geduldig, ausdauernd
Nam, ut mos fuit Bithyniae regibus, | impiger: unermüdlich
lectica octaphoro ferebatur, | lectīca: Sänfte
| octaphoro: von acht Mann getragen
30 in qua pulvinus erat perlucidus | pulvīnus: Kissen
Melitensis rosa fartus; | perlūcidus: durchsichtig
| rosa: Rose
ipse autem coronam habebat unam in capite, | fartus: gefüllt
alteram in collo, | collum: Hals
reticulumque ad naris sibi admovebat | rēticulum: kleines Netz
| nārēs, ium *f.*: Nase
| nārīs = nārēs
| admovēre: hinhalten
35 tenuissimo lino, | tenuis, e: dünn, fein
minutis maculis, plenum rosae. | līnum: Leinen
| minuere, minuī, minūtum: verkleinern, verringern
| macula: Masche des Netzes

Sic confecto itinere
cum ad aliquod oppidum venerat,
eadem lectica usque in cubiculum deferebatur.

40 Eo veniebant Siculorum magistratus,
veniebant equites Romani,
id quod ex multis iuratis audistis;
controversiae secreto deferebantur,
paulo post palam decreta auferebantur.

45 Deinde ubi paulisper in cubiculo
pretio, non aequitate iura discripserat,
Veneri iam et Libero
reliquum tempus deberi arbitrabatur.

cōnficere, iō, fēcī, fectum: vollenden, ausführen
cubiculum: Schlafzimmer

eō *Adv.*: dorthin, dahin
iūrātus: Geschworener
audīstis = audīvistis
contrōversia: 1. Streit 2. Rechtsfall
palam *Adv.*: öffentlich dēcrētum: Beschluss

paulisper *Adv.*: ein Weilchen
aequitās, ātis *f.*: Gleichheit, Gerechtigkeit
discrībere, scrīpsī, scrīptum: anordnen, entscheiden

1 (a) Zitiere die Aussagen Ciceros, die für den Prozess unter juristischen Gesichtspunkten von Bedeutung und verwertbar sind. – (b) Welche gerichtlich verwertbaren Vorwürfe erhebt hier Cicero? – (c) Was wirft Cicero Verres außerdem vor? – (d) Welches Ziel verfolgt er mit diesen Vorwürfen? – (e) Mit welchen sprachlichen und stilistischen Mitteln versucht Cicero die Aussage des Textes zu verstärken?

2 Untersuche die Wahl der Tempora in den Hauptsätzen und deute sie im Hinblick auf den Inhalt des Textes.

18 Geht man so mit römischen Bürgern um?

Gavius hic,
   quem dico,
Consanus,
   cum in illo numero civium Romanorum
5   ab isto in vincla coniectus esset   vincla = vincula
     et nescio qua ratione
     clam e lautumiis profugisset Messanamque venisset,   lautumiae, ārum *f.*: Steinbruch
     qui tam prope iam Italiam et moenia Reginorum,   prope + *Akk.*: nahe bei, nahe an
     civium Romanorum, videret   tenebrae, ārum *f.*: Finsternis
10   et ex illo metu mortis ac tenebris   odor, ōris *m.*: Geruch
     quasi luce libertatis et odore aliquo legum recreatus   revīvīscere, vīxī, - : wieder
     revixisset,   aufleben
loqui Messanae et queri coepit
se civem Romanum in vincla coniectum,   querī, queror, questus sum:
15   sibi recta iter esse Romam,   klagen, sich beklagen
     Verri se praesto advenienti futurum.   rēctā *Adv.*: geradewegs, direkt
                                                                      praestō *Adv.* esse + *Dat.*: jdm.
                                                                    entgegentreten

Non intellegebat miser nihil interesse,   nihil interest: es macht keinen
utrum haec Messanae   Unterschied
an apud istum in praetorio loqueretur;   praetōrium: 1. Feldherrnzelt
20   nam hanc sibi iste urbem delegerat,   2. Amtssitz des Statthalters
     quam haberet adiutricem scelerum,   dēligere, lēgī, lēctum: auswählen,
     furtorum receptricem,   erwählen
     flagitiorum omnium consciam.   adiūtrīx, īcis *f.*: Helferin
                                                                  receptrīx, īcis *f.*: Hehlerin
                                                                  cōnscia: Mitwisserin

Itaque ad magistratum Mamertinum
25   statim deducitur Gavius,
     eoque ipso die casu Messanam Verres venit.   cāsus, ūs *m.*: Fall, Zufall
     Res ad eum defertur:
     esse civem Romanum,
     qui se Syracusis in lautumiis fuisse quereretur;   sē: *gemeint ist Gavius*
30   quem iam ingredientem in navem   ingredī, ior, gressus sum: hinein-
     et Verri nimis atrociter minitantem   gehen, betreten
     ab se retractum esse et adservatum,   minitārī: drohen
     ut ipse in eum statueret, quod videretur.   sē: *gemeint sind die Beamten von*
                                                                  Messina
                                                                  retrahere, trāxī, tractum: zurück-
                                                                  halten
                                                                  adservāre: verwahren, bewachen

Agit hominibus gratias
35   et eorum benevolentiam erga se   sē: *gemeint ist Verres*
     diligentiamque conlaudat.   conlaudāre: sehr loben

Ipse inflammatus scelere et furore in forum venit;
ardebant oculi,
toto ex ore crudelitas eminebat.   ōs, ōris: 1. Mund 2. Gesicht

40 Exspectabant omnes,
quo tandem progressurus   prōgredī, ior, gressus sum:
aut quidnam acturus esset,   vorschreiten, zu etw. schreiten
   quidnam: was denn
cum repente hominem proripi   repente *Adv.*: plötzlich
atque in foro medio nudari ac deligari   prōripere: hervorzerren
45 et virgas expediri iubet.   nūdāre: entblößen, ausziehen
   dēligāre: anbinden
   virga: Rute
   expedīre: bereitmachen

Clamabat ille miser se civem esse Romanum,
municipem Consanum.   mūniceps, ipis *m.*: Bürger

Tum iste:
se comperisse eum speculandi causa   speculārī: spionieren
50 in Siciliam a ducibus fugitivorum esse missum.   fugitīvus: *erg.* servus
Deinde iubet undique
hominem vehementissime verberari.
Caedebatur virgis in medio foro Messanae
civis Romanus, iudices,
55 cum interea nullus gemitus,
nulla vox alia illius miseri
inter dolorem crepitumque plagarum audiebatur   crepitus, ūs *m.*: Klatschen
nisi haec »Civis Romanus sum«.   plāga: Schlag, Hieb

1 (a) Zitiere lateinisch, mit welchen Maßnahmen Verres gegen das römische Bürgerrecht verstieß. – (b) Im Anschluss an diese Textstelle berichtet Cicero davon, wie Verres Gavius foltern und ans Kreuz schlagen ließ. Beurteile diese Maßnahmen auf der Grundlage des römischen Bürgerrechts.

2 Die Textstelle *a ducibus fugitivorum esse missum* (Z. 50) spielt auf den Spartakusaufstand an. Informiere dich über dessen Hintergründe.

Civis Romanus

Der heilige Paulus, ein Griechisch sprechender Jude aus der (heutigen) östlichen Türkei, sollte öffentlich ausgepeitscht werden, weil sein Erscheinen in Jerusalem im Jahr 58 n.Chr. Unruhen verursacht hatte. Er berief sich auf sein Recht als römischer Bürger, was bedeutete, dass er Anrecht auf einen Prozess in Rom hatte. Ein römischer Bürger
5 genoss also Schutz gegenüber Übergriffen der Behörden. Er durfte vor Gericht klagen, hatte Anrecht auf ein ordentliches Gerichtsverfahren und durfte nicht gefoltert werden.

19 Manchmal muss man sich Feinde machen

Quaeret aliquis fortasse:
»Tantumne igitur laborem,
tantas inimicitias tot hominum suscepturus es?«   *inimīcitia f.:* Feindschaft
Non studio quidem hercule ullo neque voluntate;   *herculē:* beim Herkules!
5 sed non idem licet mihi quod iis,
qui nobili genere nati sunt,
quibus omnia populi Romani beneficia
dormientibus deferuntur;
longe alia mihi lege in hac civitate   *longē Adv.:* bei weitem
10 et condicione vivendum est.

Venit mihi in mentem M. Catonis   *venit mihi in mentem + Gen.:* es fällt
hominis sapientissimi et vigilantissimi;   mir jd. ein
   vigilāns, antis: wachsam
qui cum se virtute, non genere
populo Romano commendari putaret,
15 cum ipse sui generis initium ac nominis   *initium:* Anfang
ab se gigni et propagari vellet,   *gignere, genuī, genitum:* erzeugen,
   hervorbringen; *Pass.:* entstehen
hominum potentissimorum suscepit inimicitias   *prōpāgārī:* sich fortsetzen
et maximis laboribus suis   *potēns, entis:* mächtig
usque ad summam senectutem
20 summa cum gloria vixit.

Videmus, quanta sit in invidia
quantoque in odio
apud quosdam nobilis homines   *nōbilīs = nōbilēs*
novorum hominum virtus et industria;   *homō novus:* Emporkömmling *ohne
   adlige Ahnen*
25 semper nobis vigilandum,   *industria:* Fleiß
semper laborandum videmus.

Quam ob rem mihi, iudices, optatum illud est:
in hoc reo finem accusandi facere,
cum et populo Romano satis factum
30 et receptum officium Siculis,
necessariis meis, erit persolutum.   *necessārius:* Schützling
   persolvere, solvī, solūtum: erfüllen

1 (a) Welche Nachteile haben nach Darstellung Ciceros die *homines novi* im Vergleich zu den *nobiles*? – (b) Wie können die *homines novi* diese Nachteile ausgleichen?

2 Was meint Cicero mit der Aussage *optatum illud est: in hoc reo finem accusandi facere* (Zeile 27f.)? Ziehe Text 4 hinzu.

Eigennamenverzeichnis

In Klammern sind die Nummern der Lektüretexte angegeben.

Achaia: Achaia; römisches Herrschaftsgebiet in Griechenland (8)
Aetna: Stadt am Fuß des Aetna (12)
P. Africanus: Scipio Africanus »der Jüngere« zerstörte Karthago 146 v.Chr. (1)
Agragantinus: in Agrigent; Stadt an der Südküste Siziliens (3)
Apollo, Apollinis *m.*: Apollo; Gott des Krieges, der Kunst und der Medizin (9)
Apronius: Helfer des Verres (12)
Archimedes, is *m.*: Archimedes; griechischer Mathematiker, der bei der Eroberung von Syrakus von einem römischen Soldaten getötet wurde; zuvor soll Archimedes zu ihm gesagt haben: *noli turbare circulos meos*, zerstöre meine Kreise nicht. (3)
Arpinas, atis: aus Arpinum; Geburtsstadt Ciceros, ca. 100 km südöstlich von Rom gelegen (3)
Asia, ae *f.*: Kleinasien (5)
Asiaticus: in Kleinasien (7)
Athenienses, ium *m.*: Athener (16)

Bithynia: Bithynien; Landschaft an der Nordküste Kleinasiens (17)

Carthago, ginis *f.*: Karthago; Stadt in Nordafrika (1, 14)
Carthaginienses, ium *m.*: Karthager (14)
M. Porcius Cato Sapiens: Marcus Porcius Cato, der »Weise«, Staatsmann und Redner (234-149 v.Chr.) (1)

Ceres, is *f.*: Göttin des Ackerbaus; suchte ihre Tochter Persephone auf der ganzen Welt, als Hades sie geraubt hatte. Während dieser Zeit ließ sie kein Getreide wachsen. Am Ende verabredete sie mit Hades, Persephone solle zwei Drittel des Jahres auf der Erde, ein Drittel bei Hades wohnen. (16)
Cilicia: Kilikien; Landschaft im südöstlichen Kleinasien (8)
Consanus: Einwohner von Consa, einer Stadt in Süditalien (18)
Corinthius: aus Korinth; Korinth und Delos waren bekannt für die Produktion von Bronzegefäßen. (13)

Deliacus: von Delos; Korinth und Delos waren bekannt für die Produktion von Bronzegefäßen. (13)
Delus, i *f.*: Delos; Insel in der Ägäis, Geburtsort von Apollo und Diana (9)
Diana: Diana; Göttin der Jagd (9, 14)
Dianium: Hafen in Spanien (11)
Cn. Dolabella: Gnaeus Dolabella war 81 v.Chr.
Prätor, 80 und 79 als Proprätor Statthalter in Kilikien, Verres wurde sein Proquästor (8, 9)

Tiberius Gracchus: Volkstribun, getötet 133 v.Chr. (16)
Graeci, orum *m.*: Griechen (10)

Henna: Stadt in der Mitte Siziliens (16)

Hennensis, e: von Henna (16)
Hortensius: Verteidiger des Verres (2)
Lampsacum: Stadt am Hellespont (10)
Lampsaceni, orum *m.:* Bewohner von Lampsacum; Stadt am Hellespont (10)
Latona: Latona; Mutter von Apollo und Diana (9)
Liber, eri *m.:* Bacchus; Gott des Weines (17)
Libera: Proserpina; Tochter der Ceres (16)

Mamertinus: von Messina (18)
Melitensis, e: maltesisch (17)
Messana: Messina; Stadt im Nordosten Siziliens (18)
Milesius: Bewohner von Milet, einer Hafenstadt in Kleinasien; Adjektiv: aus Milet, milesisch (11)
P. Mucius, L. Calpurnius: Konsuln 133 v.Chr. (16)
Myndus: Hafenstadt in Kleinasien (11)
Pamphylia, ae *f.:* Pamphylien; Landschaft im südlichen Kleinasien (5)
Cn. Papirius: Gnaeus Papirius, Konsul 85, 84 und 82 v.Chr. (7)
Poeni, orum *m.:* Punier, Karthager (14)
Punicus: punisch, karthagisch (14)

Reginus: Bewohner von Regium, Stadt an der italienischen Südküste, gegenüber von Messina (18)
Segesta: Stadt an der Nordküste Siziliens (14)
Segestanus: Bewohner Segestas (14)
P. Scipio: Publius Scipio Africanus minor; eroberte und zerstörte Karthago (14)
Siciliensis, e: in Sizilien (7)
Siculi, orum *m.:* Sizilianer (1, 3)
Sicyonius: von Sicyon; Stadt in der Nähe von Korinth (8)
Sinopa: Stadt am Schwarzen Meer (11)
Syracusae, arum *f.:* Syrakus; Stadt an der Ostküste Siziliens (17)
Syracusanus: Bewohner von Syrakus (3)

Venus, eris *f.:* Venus, Göttin der Liebe (17)

Lernvokabeln

A

absolvere, solvī, solūtum	freisprechen
accēdere, cessī, cessum	hingehen, herantreten an
acūtus	scharf(sinnig), klug
adeō *Adv.*	so sehr, besonders
aditus, ūs *m.*	Zugang
adsequī, or, secūtus sum	erreichen
aedēs, is *f.*	*Sg.:* Tempel *Pl.:* Haus
aes, aeris *n.*	Erz, Bronze, Kupfer
āiō, āit, āiunt	sagen
aliquantus	viel, bedeutend
amplitūdō, inis *f.*	Weite, Größe
amplus	weit, groß
angustus	eng
animadvertere, vertī, versum	1. bemerken 2. bestrafen
antequam	bevor
antīquitās, ātis *f.*	Alter(tum), alte gute Sitte
arcessere, arcessīvī, arcessītum	herbeiholen, kommen lassen
argenteus	silbern, aus Silber
armātus	bewaffnet
artificium	1. Kunst 2. Kunstwerk
aspernārī	verschmähen, abweisen
atrōx, ōcis	grässlich, schrecklich
audēre, eō, ausus sum	wagen

B

bellāre	Krieg führen
benevolentia	Wohlwollen, Zuneigung

C

cāsus, ūs *m.*	Fall, Zufall
clārus	hell, klar, berühmt
classis, is *f.*	Flotte
cōgnātiō, ōnis *f.*	Verwandtschaft
collum	Hals
colōnus	Bauer, Pächter
comitia, ōrum *n.*	Volksversammlung, Wahlen
commodum	Vorteil, Nutzen
commodus	passend, günstig
commūnis, e	allgemein, öffentlich
comparāre	1. vergleichen 2. erwerben, verschaffen
complectī, or, plexus sum	umfassen, zusammenfassend darstellen
concēdere, cessī, cessum	einräumen, erlauben
concidere, cidī	zusammenfallen, zusammenbrechen
concipere, iō, cēpī, ceptum	fassen, ergreifen, begehen
concitāre	erregen, hervorrufen
cōnficere, iō, fēcī, fectum	vollenden, ausführen
conquīrere, quīsīvī, quīsītum	aufspüren, auftreiben, zusammensuchen
cōnservāre	bewahren
cōnsīderāre	überlegen, erwägen
cōnsistere, stitī, -	stehen bleiben
cōnsūmere, sūmpsī, sūmptum	verwenden, verbringen
contemnere, ō, tempsī, temptum	verachten
contendere, tendī, tentum	1. sich anstrengen, kämpfen 2. eilen 3. behaupten

cōntiō, ōnis *f.*	Volksversammlung, Rede vor dem Volk
contrōversia	1. Streit 2. Rechtsfall
convīvium	Gastmahl
convocāre	zusammenrufen
cōpiōsus	reich, reichlich ausgestattet
cot(t)īdiānus	täglich, alltäglich
crūdēlitās, ātis *f.*	Grausamkeit
cūra	Sorge, Sorgfalt

D

decet	es geziemt sich, gehört sich
dēclārāre	deutlich machen, kundtun
dēcrētum	Beschluss
dēdecus, oris *n.*	Schande
dēesse	fehlen
dēficere, iō, fēcī, fectum	abfallen, untreu werden
dēligere, lēgī, lēctum	auswählen, erwählen
dēmōlīrī, ior	1. abreißen 2. herunternehmen
dēportāre	wegbringen, fortschaffen
dēsīderāre	1. wünschen 2. vermissen
dīreptiō, ōnis *f.*	Plünderung, Raub
discrīmen, inis *n.*	Entscheidung, Gefahr
doctus	gelehrt
domesticus	einheimisch, häuslich, der Familie
dūcere *mit doppeltem Akk.*	halten für, *mit aci:* glauben, meinen

E

ēicere, iō, iēcī, iectum	hinauswerfen, hochschleudern
ēligere, ēlēgī, ēlēctum	auswählen
ēminēre	1. herausragen 2. hervortreten
eō *Adv.*	dorthin, dahin
ergā + *Akk.*	gegen, gegenüber
etenim *Adv.*	denn
ēvertere, vertī, versum	zerstören,
ēvocāre	herbeirufen
excitāre	aufrufen, herbeirufen
eximius	außerordentlich
exīstimātiō, ōnis *f.*	Meinung, Ansehen
expedīre	bereitmachen
expōnere, ō, posuī, positum	auseinandersetzen, darlegen
exterus	auswärtig
extrā + *Akk.*	außerhalb

F

fax, facis *f.*	Fackel
fervēre	sieden, kochen, heiß sein
figūra	Figur, Gebilde
flagrāre	brennen, lodern
flūctus, ūs *m.*	Woge, Flut
fore = futūrum, am, um esse	
foris, is *f.*	Tür(flügel); forīs = forēs
frangere, frēgī, frāctum	zerbrechen, zertrümmern
frīgus, oris *n.*	Kälte

G

gemitus, ūs *m.*	Seufzen, Wehklagen
gignere, genuī, genitum	erzeugen, hervorbringen; *Pass.:* entstehen
gradus, ūs *m.*	Schritt

H

haerēre, haesī, haesum	hängen bleiben, verharren

hībernus	winterlich, Winter-
hospes, itis *m.*	Gast, Gastgeber
humilis, e	niedrig, bescheiden

I

iactūra	Verlust, Auslassung
impetus, ūs *m.*	Angriff, Übergriff
impius	gottlos, frevelhaft
impōnere, posuī, positum	auf etw. setzen, auferlegen
improbus	schlecht, niederträchtig
incommodum	Nachteil, Not
incrēdibilis, e	unglaublich, unglaubwürdig
indīcere, dīxī, dictum	ansagen, öffentlich bekannt machen
indicium	Anzeichen
industria	Fleiß
inesse, īnsum, īnfuī	in, an, auf etw. sein, sich befinden
īnfīnītus	unbegrenzt, unendlich
ingenuus	frei geboren
ingredī, ior, gressus sum	hineingehen, betreten
inimīcitia *f.*	Feindschaft
inlūstris, e	berühmt, angesehen
innocēns, entis	unschuldig, uneigennützig, unbescholten
īnstāre, stitī, stātūrus	drängen, darauf bestehen, drohen
īnstituere, stituī, stitūtum	einrichten, unterrichten
integer, gra, grum	unversehrt, unangetastet
intereā *Adv.*	unterdessen, inzwischen
interpōnere, posuī, positum	dazwischenstellen, dazwischen verstreichen lassen
inveterāscere, inveterāvī, -	alt werden, sich festsetzen
invidia	Neid, Hass
item *Adv.*	ebenso
iūdicāre	1. urteilen, gerichtlich entscheiden 2. glauben, meinen; *mit doppeltem Akk.:* halten für

L

laetitia	Freude
latrōcinium	Räuberei
lēgātiō, ōnis *f.*	Amt eines Legaten
lēgātus	Gesandter, Legat
litterīs aliquid mandāre	etw. schriftlich aufzeichnen
loca, ōrum *n.*	Gegend
locuplēs, ētis	reich, wohlhabend
longē *Adv.*	bei weitem
longitūdō, inis *f.*	Länge
lūctus, ūs *m.*	Trauer

M

maleficium	Verbrechen
mandāre	übergeben, anvertrauen
marmor, oris *n.*	Marmor
marmoreus	aus Marmor
meā, tuā, suā sponte	aus eigenem Antrieb, von sich aus
meminisse, meminī	sich erinnern
memoriā ac litterīs prōdere	mündlich und schriftlich überliefern
mēnsis, is *m.*	Monat
mentiō, ōnis *f.*	Erinnerung, Erwähnung
minārī	drohen
minuere, minuī, minūtum	verkleinern, verringern
modicus	maßvoll, angemessen
modo *Adv*	nur
multitūdō, inis *f.*	Menge

N

nāscī, or, nātus sum	geboren werden
nāvigium	Schiff
nē ... quidem	nicht einmal, auch nicht
nefārius	gottlos, verbrecherisch
nefās *undeklinierbar n.*	Frevel, Sünde, Verbrechen
nocturnus	nächtlich
nōn dubitō, quīn	ich zweifle nicht, dass
nūdāre	entblößen, ausziehen
nūntiāre	melden

O

obtinēre	innehaben
occurrere, currī, cursum	entgegenlaufen, Einhalt gebieten
odor, ōris *m.*	Geruch
omnīnō *Adv.*	ganz und gar, überhaupt
opēs, um *f.*	Vermögen, Macht
opīniō, ōnis *f.*	Meinung, Ansicht
oportēre, oportet, oportuit	es ist nötig
oppōnere, posuī, positum	entgegenstellen, vorbringen
ōs, ōris	1. Mund 2. Gesicht

P

palam *Adv.*	öffentlich
parēns, entis *f. und m.*	Mutter, Vater
patefacere, iō, fēcī, factum	öffnen
patī, ior, passus sum	erdulden, zulassen
patiēns, entis	geduldig, ausdauernd
patrōnus	Schutzherr, Anwalt
pendēre, pependī, -	hängen
pendere, pependī, pensum	abwägen
perferre, ferō, tulī, lātum	ertragen
perfringere, frēgī, frāctum	zerbrechen, verletzen
perniciōsus	verderblich
perpetuus, *Adv.*	perpetuō: fortwährend, ununterbrochen
persequī, or, secūtus sum	verfolgen
plācāre	besänftigen
plānus	1. flach, eben 2. deutlich, klar
plērīque, plēraeque, plēraque	die meisten
plūrimus	der meiste, sehr viel
poscere, poposcī, - + *dopp. Akk.*	etw. von jdm. fordern
posterior, ius	der hintere, folgende
postrīdiē *Adv.*	am nächsten Tag
potēns, entis	mächtig
potius *Adv.*	eher, lieber
praeda	Beute
praeditus	versehen mit, verbunden mit
praedō, ōnis *m.*	Räuber, Plünderer
praepōnere, posuī, positum	voransetzen, vorziehen
praeter + *Akk.*	1. außer 2. mehr als
praeterīre, eō, iī, itum	vorbeigehen, übergehen
praetermittere, mīsī, missum	vorbeigehen lassen, übergehen
praetōrium	1. Feldherrnzelt 2. Amtssitz des Statthalters
praetūra	Amt des Prätors
prīmum *Adv.*	zuerst
prīncipium	Anfang, Ursprung
prīstinus	früher, ehemalig
prōdere, didī, ditum	verraten, überliefern

prōdūcere, dūxī, ductum	hervorbringen
profānus	nicht geweiht, profan
prōferre, ferō, tulī, lātum	vortragen
proficīscī, proficīscor, profectus sum	aufbrechen, abreisen
profugere, iō, fūgī, -	(ent)fliehen, entkommen
prōgredī, ior, gressus sum	vorschreiten, zu etw. schreiten
prope + *Akk.*	nahe bei, nahe an
prope *Adv.*	fast, beinahe
prōsequī, sequor, secūtus sum	begleiten, geleiten
pūblicē *Adv.*	in öffentlichem Auftrag
pudor, ōris *m.*	Ehrgefühl, Schamgefühl
pueritia	Kindheit, Jugend *(bis ca. 17 Jahre)*
pūgna	Kampf
pulchritūdō, inis *f.*	Schönheit
pulvis, eris *m.*	Staub, Sand
pūrgāre	reinigen, säubern

Q

quaesō	bitte
quaestor, ōris *m.*	Quästor; Beamter in der Finanz- bzw. Provinzverwaltung
quaestūra	Quästur, Amt eines Quästors
quālis, e	wie (beschaffen)
quantus	wie groß, wie viel
quārē	1. weshalb? 2. deshalb
quem ad modum *Adv.*	wie, auf welche Weise
querī, queror, questus sum	klagen, sich beklagen
quisquis, quidquid	wer auch immer, was auch immer
quō	1. wohin? 2. dorthin
quondam *Adv.*	einst
quoniam	da ja

R

ratiōnem habēre + *Gen.*	Rücksicht nehmen auf, achten auf
recūsāre	ablehnen, zurückweisen
religiōsus	heilig, ehrwürdig
remanēre, mānsī, mānsum	zurückbleiben, dauerhaft bleiben
remedium	Heilmittel, Hilfsmittel
remissus	nachlassend, ruhig
repente *Adv.*	plötzlich
repetere, petīvī, petītum	wiederholen
repōnere, posuī, positum	zurückbringen, zurückstellen
reportāre	zurückbringen
rēs mīlitāris, reī mīlitāris	Militärwesen
reservāre	aufbewahren, aufsparen
reus	Angeklagter

S

sacrum	Heiligtum, heiliger Gegenstand
sānctus	1. heilig 2. gewissenhaft
satisfacere, iō, fēcī, factum	Genugtuung verschaffen
scelerātus	verbrecherisch
scrība, ae *m.*	Schreiber, Sekretär, *mit Verwaltungsaufgaben betraut*
sē praebēre	sich zeigen
sēdāre	besänftigen, mildern

sēnsus, ūs *m.*	Empfindung, Sinn
sepulcrum	Grab
sermō, ōnis *m.*	Gespräch, Gerede
sēsē	verstärktes sē
sīgnum	1. Zeichen, 2. Bild, Figur
silēre, siluī	schweigen
simul	1. zugleich 2. simul (ut): sobald
sinere, sīvī, situm	lassen, zulassen
singulāris, e	einzigartig, beispiellos
situs, ūs *m.*	Lage
sīve	oder
societās, ātis *f.*	Gemeinschaft, Bündnis
socius	1. Gefährte, Kamerad 2. Verbündeter
solvere, solvī, solūtus	lösen, bezahlen
spatium	Raum, Zeitraum
spēs, eī *f.*	Hoffnung, Erwartung
spoliāre	(be)rauben, ausplündern
statuere, statuī, statūtum	aufstellen, festsetzen, beschließen
subicere, iciō, iēcī, iectum	1. darunter werfen, legen 2. unterwerfen
subsidium	Hilfe, Rückhalt
succurrere, currī, cursum	zu Hilfe eilen, abhelfen
sūmptus, ūs *m.*	Aufwand, Kosten
supplex, icis	demütig bittend,
suscipere, iō, cēpī, ceptum	unternehmen, übernehmen
suspendere, pendī, pēnsum	aufhängen

T

tametsī	auch wenn
tantum *Adv.*	nur
tēctum	Dach, Haus
tenuis, e	dünn, fein
theātrum	Theater
trānsferre, ferō, tulī, lātum	hinübertragen, hinüberschaffen
tumultus, ūs *m.*	Tumult, Aufruhr

U

ulcīscī, or, ultus sum *m. Akk.*	jdn. oder etwas rächen, sich rächen für etw.
umquam *Adv.*	jemals
ūnā *Adv.*	zusammen, zugleich
ūniversus	gesamt, ganz; *Pl.:* alle
urbānus	städtisch, Stadt-
ut (prīmum) + *Ind. Perf.*	sobald

V

vās, vāsis *n.*	Gefäß
vel	1. oder 2. sogar
vēr, vēris *n.*	Frühling
vērō *Adv.*	1. aber 2. in der Tat
vērum *Adv.*	aber, jedoch
vetustās, ātis *f.*	Alter
virga	Rute